Edition Theophanie

BAND 10

Manfred Ehmer

Die Chaldäischen Orakel

Theophania

Verlag für Theurgie
und Metaphysik

Die Chaldäischen Orakel.
Mystische Botschaften der Götter
Band 10 der Reihe Edition Theophanie
Copyright © 2024 **Theophania Verlag**
Inhaber: Dr. Manfred Ehmer
Angerburger Allee 9, 14055 Berlin
E-Mail: manfred.ehmer@googlemail.com
Webseite: **https://www.manfred-ehmer.net**

Druck und Distribution: tredition GmbH,
Heinz-Beusen-Stieg 5, 22926 Ahrensburg

ISBN Softcover: 978-3-347-46971-6
ISBN Hardcover: 978-3-347-46972-3
ISBN E-Book: 978-3-347-46987-7

Inhaltsverzeichnis

Die Feuerphilosophie der Chaldäischen Orakel

In dem Maße, in dem die klassischen Orakel des Altertums – vor allem das von Delphi – ihre Geltung einbüßten, kamen in der griechischsprechenden Welt allenthalben private Orakelsammlungen auf, die der Verbreitung philosophisch-mystischer Lehren oder theurgischer Praktiken dienten. Besonders in hellenistischer Zeit kam die Orakelpoesie machtvoll auf, mit ganz unterschiedlichen Zielen: politische, antirömische Tendenzen zeigten die ägyptischen Töpferorakel, christliche Theosophie bemüht sich, in heidnischen Sprüchen biblische Gedanken wiederzufinden. Einem ausgesprochen religiös-philosophischem Zweck dienten jedoch die *Chaldäischen Orakel, Oracula Chaldaica*, eine Sammlung hexametrischer Orakelsprüche, mystische Aphorismen unbekannter Götter, die von einigen Neuplatonikern fragmentarisch zitiert werden, von Porphyrios (234-305) über Proclus (401-485) bis hin zu Michael Psellos (1019-1078), dem großen byzantinischen Philosophen und Polyhistor.

Die Chaldäischen Orakel sind mit großer Wahrscheinlichkeit das Werk des zur Zeit des Kaisers Mark Aurel (161-180) lebenden Theurgen *Julianus*, der in ihnen Offenbarungen und Mahnungen der

Götter empfängt; als sein Vater gilt Julianus der Chaldäer, der Kaiser Trajan bei seinen Feldzügen gegen den Osten nach Rom gefolgt sein dürfte. Der Ausdruck Chaldäer weist allgemein auf eine spirituelle Verbindung mit der Weisheit des Ostens hin; es dürfte weniger das alte Zweistromland zwischen Euphrat und Tigris gemeint sein, gilt doch Syrien als die eigentliche Stammheimat der beiden Juliani. Hierauf weist auch die tiefe Geistesverwandtschaft zwischen den Chaldäischen Orakeln und der syrischen Schule des Neuplatonismus hin; überdies scheint der Ausdruck Chaldäer auch ein Synonym für Magier gewesen zu sein.

Die mystischen Aphorismen der Chaldäischen Orakel genossen bei den Neuplatonikern der ausgehenden Antike, besonders den mehr religiös und theurgisch interessierten, größtes Ansehen. F. Cummont nannte sie als erster die „Bibel der Neuplatoniker"[1], und nach W. Theiler waren sie „für die späteren Neuplatoniker die dem Orient entstammende Bibel"[2]. Wir haben es also mit einem zentralen Kultbuch einer rein heidnischen Theosophie zu tun, das Seite an Seite steht mit den mystagogischen Schriften des Hermes Trismegistos, dem *Corpus Hermeticum*, und den verschiedenen Schulen der Gnosis. Vor allem Hermetische und

---

[1] F. Cummont, Oriental Religions in Roman Paganism, S. 279.
[2] W. Theiler, Die Chaldäischen Orakel und die Hymnen des Synesios, S. 252.

Seite 8

Chaldäische Gedankengänge weisen größte Seelenverwandtschaft auf, wogegen die traditionelle christliche Gnosis mit ihrem ausgeprägten Dualismus und ihrem spezifisch christologischen Erlösungsgedanken eher außerhalb steht.

Die in den Chaldäischen Orakeln dargelegte Philosophie lässt sich am ehesten als eine mystische Feuerphilosophie umschreiben. Dabei handelt es sich doch keineswegs um ein geschlossenes philosophisches Schulsystem noch überhaupt um Philosophie im akademischen Sinne, sondern eher um die philosophische Begründung und Rechtfertigung theurgischer Praktiken und Initiations-Riten, die dem Aufstieg der Seele zur Welt göttlichen Feuers dienen. Die Orakel der Götter, die von Julianus dem Theurgen wohl in mediumistischem Trance oder in einem Zustand mystischer Ekstase empfangen wurden, klingen ebenso dunkel und unklar wie die frühesten Fragmente der Vorsokratiker; sie sprechen teilweise eine bilderreiche poetische Sprache, bleiben an anderer Stelle oft nur abstrus, sind insgesamt aber durchglüht von einem heiligen mystischen Eifer, der kein anderes Ziel kennt, als sich in höchster Schau mit Gott als dem namenlosen Einen zu verbinden.

Gott als das oberste Prinzip im Chaldäischen Weltsystem wird als das „Erste Transzendentale Feuer" (Fragment 5) bezeichnet, auch als „Vater" (7,14), „Vater-Geist" (108, 109), als „Quelle" oder gar „Quelle aller Quellen" (30,34) und in Anlehnung an pythagoreische Gedanken auch als Monade, und zwar als „Vater-Monade" (11) oder „triadische Monade" (26). Es ist das höchste schöpferische Weltprinzip, und wenn Fragment 10 lehrt: „Alles ist hervorgegangen aus Einem Feuer", so denkt man gleich an Heraklits Feuerlehre, aber auch evtl. an iranische Einflüsse etwa aus der Zarathustra-Religion. Anders als im stoischen Weltsystem bleibt dieser oberste Gott vollkommen überweltlich und transzendent; ja die Tendenz des Mittel- und Neuplatonismus, das Eine als völlig attribut- und qualitätslos zu begreifen, bei Plotin deutlich sichtbar, wird hier geradezu gesteigert. Das Erste oder Eine hat keine andere Aufgabe, als in seinem Intellekt die Ideen als die Urbilder allen Seins zu denken. Es denkt – und sonst nichts. Es ist das reine Intelligible.

Daher gibt es unterhalb des Urgottes noch einen Zweiten Geist oder demiurgischen Intellekt, der die Aufgabe hat, nach dem Muster der gleich Blitzstrahlen aus dem Einen ausströmenden Ideen die intelligible oder himmlische, empyreische Welt zu erbilden. „Alles vollendete der Vater und übergab es dem Zweiten Geist, den Ihr – die gesamte menschliche Rasse – den Ersten Geist nennt" lehrt Fragment 7. Dieser Zweite Geist ist aber keineswegs der bekannte Demiurg der gnostischen Systeme. Denn er handelt bei seiner Weltschöpfung ganz im Auftrag und in der Vollmacht des Vaters; die Schöpfung ist also kein ungewollter Akt und erst recht kein Abfall. Außerdem ist der Zweite Intellekt durch ein verbindendes Drittes mit dem

Ersten verbunden, mit einem Mittelglied, das als *dynamis* oder Macht bezeichnet wird, sodass sich Gott insgesamt als eine Triade darstellt. Gott besteht demnach aus 1. der Vater-Monade, 2. der Macht (die auch als Dyade bezeichnet wird) und 3. dem Zweiten oder demiurgischen Geist. Dieser wird ein „Baumeister des Feurigen Kosmos" (33) genannt, weil er kraft der Ideen die himmlische Ursprungs-Welt, das Empyreum, erbildet.

Der Zweite Gott wirkt aber auch als ein „Verteiler des lebensspendenden Feuers, auf dass er den lebengebenden Schoß der Hekate anfülle und auf die zusammenfügenden Kräfte eine Portion fruchtbaren und machtvollen Feuers ausgieße" (32). Es gibt nämlich im Weltsystem der Chaldäischen Orakel auch eine primordiale Materie, die – mythisch mit Aphrodite gleichgesetzt (173) – als sternartig und himmlisch beschrieben wird. Zweifellos handelt es sich hier um die Weltseele als das vermittelnde Bindeglied zwischen Geistwelt und Materie. Diese Weltseele ist eine aufnehmende, rezeptive Kraft. Sie empfängt das in intelligible Ideen aufgespaltete schöpferische Urfeuer, das sie in ihren gewaltigen Schoß aufnimmt, um daraus die sternhaft-ätherische Welt und als Abbild davon die Welt der Materie zu erbilden. Dieser große Mutterschoß der Welt wird in der Chaldäischen Theologie als *Hekate* bezeichnet. Hekate ist gewissermaßen die Urmutter der Welt, empfangend und gebärend zugleich. Es wird in den Orakeln gesagt, „dass die Natur, die alles durchdringt, von der

Großen Hekate abhängt" (70) und dass „das Zentrum Hekates aus der Mitte des Vaters geboren wurde" (50).

Unterhalb der Weltseele Hekate befindet sich noch die rein materielle Welt, die mit Hades gleichgesetzt wird, sodass wir insgesamt ein triadisches Universum haben, bestehend aus 1. *Empyreum*, 2. *Ätherium* und 3. *Materielle Welt*. Die triadische Struktur Gottes (Vater / Macht / Geist) spiegelt sich somit wider in der triadischen Struktur der Welt; alles Untere ist ein Abbild des Oberen (vgl. den Hermetischen Satz „Wie oben, so unten"). Fragment 76 spricht von „leuchtenden Welten" und nennt sie „Welten des Feuers, des Äthers und der Materie"; ein anderes Fragment in den Orakeln sagt: „Es gibt eine Kette von Firmamenten – das Empyreum, das Ätherium und das Hyleum"(203). Die Aufteilung der Schöpfung in Drei Welten wird von einigen Neuplatonikern, etwa Proklos und Psellos, bestätigt. Wird das Ätherium von der Großen Weltenmutter Hekate regiert, so das Empyreum – der Solare Kosmos (59,184) – von der Transzendentalen Sonne, die mit dem Zeitgott *Aion* assoziiert wird. Aion / Hekate / Hades entsprechen also den drei leuchtenden Welten.

Und, um die Systematik zu vervollkommnen, wird nun jeder der drei Welten ein *Teletarch*, ein geistig-göttliches Wächterwesen, zugeordnet. „Der erste Teletarch führt den Flügel des Feuers, der zweite vervollkommnet den Äther, und der dritte Teletarch vollendet die Materie" (85). Die Teletarchen gehören zusammen mit den *Iyngen* und den *Vereinigern* zu den zahlreichen Mittler- oder Zwischenwesen, die den Kosmos der Chaldäischen Theologie bevölkern; aber eine Gleichsetzung mit den gnostischen Archonten geht nicht an, da die Teletarchen durchaus den Willen des Vaters, des Einen und Höchsten erfüllen und dem Aufstieg des Menschen zur Lichtwelt nicht feindlich gesinnt sind, sondern diesen im Gegenteil unterstützen. Auf jeden Fall müssen Teletarchen, Iyngen und Vereiniger auch eine Bedeutung in den praktischen magischen Riten der Theurgie besessen haben; sie wurden vermutlich mit Hymnen angerufen und um Beistand beim Aufstieg gebeten.

Als weitere untergeordnete Wesen wären die *Engel* und *Dämonen* zu nennen, die in der Chaldäischen Theologie eine große Rolle spielen. Während die Engel sich als hilfreich erweisen und den Theurgen bei seinem Aufstieg zur oberen Welt unterstützen, indem sie „die Seelen durch Feuer leuchten lassen" (122), stehen die Dämonen ganz mit der niederen Natur in Verbindung; sie sind nichts mehr als „chthonische Hunde" (90), die aus den Höhlungen der Erde hervorspringen, um die Seele des zum Licht des göttlichen Feuers strebenden Eingeweihten von ihrem Ziel abzubringen und in die dunklen Niederungen der Materie hinabzuziehen. Diese vernunftlosen Wesen wohnen naturgeisterartig in den Elementen, in Luft, Wasser und Erde, nur nicht in dem den Chaldäern offenbar heiligen Feuer. Nur die Macht der Initiations-

Riten vermag vor dem verderbenbringenden Einfluss der Dämonen zu schützen (135). Die Seele des Initiierten „leuchtet wie ein Engel, indem er im Licht lebt" (137).

Die Seelenlehre der Chaldäischen Orakel geht davon aus, dass die menschliche Seele ein Abbild des Universums ist; daher existiert sie in Form einer Triade. In Fragment 44 lesen wir: „Die Chaldäer übermittelten ein Orakel über die ganze Seele als eine göttliche Triade. Der Chaldäer selbst sagt: Der Vater vermischte den Funken der Seele mit zwei harmonischen Prinzipien, der Vernunft und dem göttlichen Willen, denen er noch ein Drittes dazugab, reine Liebe als Führer und heiliges Band aller Dinge". Vernunft / Wille / Liebe, so lautet demnach die Triade der Seele; sie entspricht darin auch der triadischen Struktur Gottes (Vater / Macht / Geist). Die Seele des Menschen ist natürlich feuriger Natur, wie alles Göttliche; sie hat sich die „Blume des Feuers" gepflückt von den „Gipfeln der schlaflosen Zeit" (37), d.h. sie besitzt das dem Urfeuer Gottes prinzipiell wesensverwandte innere Erkenntnisorgan, das sie instand setzt, sich mit Gott als dem Wesensgleichen zu vereinen.

Aber nur das Göttliche, Unsterbliche der Seele ist feurig und gottverwandt; sie besitzt auch „Fahrzeuge", d.h. Umhüllungen von feinerer oder dichterer Stoffart, zu denen vor allem der „pneumatische Lebensgeist" zählt. Dieser als etwas Ätherisches bindet zwar die Seele an die Materie, aber „er begleitet die Seele im Aufstieg, soweit er ihr folgen kann" (158), er ist also unser sorgfältig zu hütendes Gefährt, das den Eingeweihten auf seiner Reise zum Licht begleitet, aber vor allen dämonischen Fremdeinflüssen geschützt werden muss. In diesem Zusammenhang wird auch von einer „Reinigung unserer Lichtkörper" gesprochen als einer notwendigen Voraussetzung des Aufstiegs. Was es aber am meisten zu meiden gilt, ist jegliche Befleckung durch Materie. Die Chaldäischen Orakel argumentieren durchaus materiefeindlich: da ist von einer „bösen Materie" die Rede (88), sie gilt als „armselig, weil unfruchtbar", und an mehr als einer Stelle wird der Adept ermahnt, sich von den verderbenbringenden Einflüssen der Materie fernzuhalten.

Von den Seelen der Theurgen wird gesagt, dass sie „in der Engelordnung seien" (138), dass sie aber nicht ewig in der intelligiblen Ordnung bleiben, sondern zuweilen auch „in das Werden hinabsteigen" (ebd.). Verglichen mit der auserwählten Schar der Theurgen sind die übrigen Menschen, da von den niederen Dämonen beherrscht, nur eine „Herde" (153,154,194). Dennoch wird eine Reinkarnation selbst der ungeistigsten Menschen in Tiergestalt, eine sehr populäre Vorstellung in Kreisen spätantiker Neuplatoniker und -pythagoreer, abgelehnt: „Für menschliche Seelen ist es gegen die Natur, in vernunftlose Tiere einzugehen" (160); dies sei ein „unauflösliches Gesetz von den Gesegneten" (ebd.). Gestützt auf die Chaldäischen Orakel, wird sich auch ein Jamblichus gegen Plotin wenden, der eine Wiederverkörperung besonders tief gefallener Menschen in Tierkörpern für möglich hielt.

Die hauptsächliche Tugend des Menschen, die ihn reinigt und mit Gott zusammenführt, ist wieder eine Triade: „Glaube, Wahrheit und Liebe" (46), zu der noch die „feuergebärende Hoffnung" (47) hinzukommt; diese Haupttugend entspricht der Seelentriade des Menschen (Vernunft / Wille / Liebe). Vermöge dieser dreifachen Tugend, aber auch durch heilige Initiations-Riten, Reinigungen und machtvolle heilige Worte, kann der Mensch zu den Göttern aufsteigen, in die himmlische oder empyreische Welt, die von Aion, der Transzendentalen Sonne, regiert wird. Das Empyreum, der Feuerhimmel der antiken Naturphilosophen, in Dantes *Divina Commedia* der Ort ewigen Lichts und Aufenthalt der Seligen, stellt das Ziel allen theurgischen Strebens dar. Diese oberste Weltgegend, die intelligible Welt, wird als der Olymp oder das Paradies bezeichnet: „Das Chaldäische Para-dies ist der vollständige Chor der göttlichen Mächte um den Vater und der empyreischen Schönheiten der erschaffenden Prinzipien" (165). Der Aufstieg dorthin erfolgt auf den empyreischen Kanälen, auf den Lichtstrahlen der Transzendenten Sonne.

Bei dem theurgischen Aufstiegsweg zur Feurigen Welt des Solaren Kosmos spielt auch Magie eine gewisse Rolle; hierzu gehören Reinigungsriten, Initiationen, aber auch das Rezitieren machtvoller heiliger Wörter, *nomina mysticae*, die an sich keinen Sinn ergeben, sondern allein kraft ihres Klanges eine übernatürliche Wirkung zeitigen. Ein solcher Glaube an die magische Macht des Wortes, der zweifellos semitischen Ursprungs ist, stellt ein Wesenselement aller Theurgie dar; und nach Cremer sind die Chaldäischen Orakel der „konstituierende Bestandteil der Theurgie; vor ihnen und ohne sie gibt es keine Theurgie"[3]. Von hier spannt sich ein Bogen zur Verwendung magischer Hymnen mit oft unaussprechlichen Worten in verschiedenen Schulen der Gnosis und in dem Hermetischen Nag Hammadi-Text *Über die Achtheit*, wo das Rezitieren einer solchen Hymne als Garant für das Aufsteigen in die achte, d.h. die Fixsternsphäre genommen wird.

Neben dem Aufstieg der Seele in das Himmelreich hat die Theurgie indes noch einen anderen Aspekt – nämlich den der Weissagung, indem Götter der himmlischen oder der Ätherwelt durch Formen der Magie dazu bewegt werden, vom Himmel herabzusteigen und in eigens dafür präparierten Statuen Wohnstatt zu nehmen, wo sie auf die Fragen des sie Invozierenden zu antworten haben. Man mag annehmen, dass Julian der Theurg durch solche Praktiken der Invokation und des Herabziehens der Götter in die physische Welt die Sinnsprüche der Chaldäischen Orakel gewonnen hat. Die Frage erhebt sich jedoch, ob bei solchen Prak-

---

[3] F. Cremer, Die Chaldäischen Orakel und Jamblich de mysteriis, S. 20.

tiken der Göttermagie nicht auch ein Element der Nötigung, ja des Zwanges mit im Spiele sein mag; einige ungesicherte Fragmente aus unserer Orakelsammlung weisen darauf hin (219-223). Von der niederen Magie oder *magia naturalis*, die rein materielle Ziele anstrebt (Liebeszauber oder Beeinflussung des Wetters), unterscheidet sich die theurgische Göttermagie darin, dass ihre Ziele ganz im Geistigen bleiben.

Zusammen mit den Hermetischen Schriften gehören die Chaldäischen Orakel zu den wichtigsten Strömungen einer vom Christlichen freien, rein heidnischen Theosophie des Hellenismus. Was beide Systeme miteinander verbindet, ist vor allem der durchgängige Monismus, der – trotz einer gewissen Materiefeindlichkeit, die zuweilen auftaucht – das All als ein einheitliches, von göttlichen Kräften durchpulstes Ganzes sieht. Das Besondere der Chaldäischen Orakel gegenüber dem Hermetismus liegt aber zum einen in der stark ausgeprägten Sonnen- und Feuersymbolik, die ihren Ursprung ohne Zweifel in Syrien hat, und zum anderen in der stärkeren Betonung der Magie und dem bewussten Praktizieren einer Orakeltechnik. Auch das in Triaden geordnete Weltschema scheint typisch für die Chaldäische Theologie zu sein.

Die griechische Philosophie beginnt mit den fragmentarischen Rätselsätzen der Vorsokratiker, und sie endet – zweifellos unter orientalischem Einfluss – mit den Götter-Aphorismen der Chaldäischen Orakel. Der folgende Teil bringt den vollständigen Text aller 226 Fragmente der Orakel, ins Deutsche übersetzt mit Kommentaren versehen. Der Text dürfte für jeden, der sich mit den esoterischen und theosophischen Strömungen des Hellenismus beschäftigt, von vorrangigem Interesse sein. Bei der Übersetzung des Textes stützte ich mich auf die von Ruth Majercik (1941–2018) herausgegebene zweisprachige, griechisch-englische Ausgabe, die den Charakter einer wissenschaftlichen Edition besitzt.[4]

---

[4] The Chaldean Oracles. Text, Translation and Commentary by Ruth Majercik, Leiden 1989.

Das Weltschema der Chaldäischen Orakel

Das triadische Schema Gottes

Der 1. Gott	Die Vater-Monade Erstes Transzendentales Feuer
Der 2. Gott	Dynamis, die Macht Die Dyade
Der 3. Gott	Der Demiurg / Geist Baumeister des Feurigen Kosmos

Das triadische Schema der Welt

Empyreum Die Geistige Welt	Aion die Transzendentale Sonne
Ätherium Die primordiale Materie	Hekate Die Weltseele
Hyleum Die materielle Welt	Hades Der Herr der Welt

Das triadische Schema des Menschen

Vernunft	entspricht dem Vater
Wille	entspricht der Macht
Liebe	entspricht dem Geist

Die Chaldäischen Orakel

A) Die Fragmente

1

Es rufen *Jamblichus*[1] und seine Nachfolger in ihren Kommentaren zu den Chaldäischen Orakeln die Götter als Zeugen an mit jenen Versen, die sich an den Theurgen[2] wenden: „Es gibt etwas Intelligibles[3], das man nur begreifen kann mit der Blume des Geistes[4]. Wenn Du Deinen Geist geneigt machst, es als ein bestimmtes Ding zu verstehen, so wirst Du es nicht erlangen. Denn es ist die Macht der Stärke, rundum sichtbar, aufblitzend in all seinen intelligiblen Teilungen[5]. Daher kannst Du es nicht gewaltsam begreifen, sondern nur mit einer vollkommen ausgebreiteten Flamme des Geistes, die alle Dinge außer diesem ermisst. Du kannst es nicht absichtsvoll erfassen, sondern – das reine Auge der Seele abgewandt – sollst Du Deinen Geist zu dem Intelligiblen ausdehnen, um es zu verstehen, denn es ist außerhalb Deines Geistes".

2

„Gekleidet vom Haupt bis zu den Zehen in schreiendes Licht, gewappnet in Geist und Seele mit dreifach gezahnter Stärke, musst Du in Deine Vorstellung das ganze Zeichen der Triade hineinwerfen, und nicht zu den empyreischen Kanälen auf eine zerstreute Weise hingehen, sondern mit Konzentration."[6] Solches sagt der orakelgebende Gott über das intelligible Wissen.

3

„Der Vater riss sich selbst nämlich hinweg[7], und er legte in seine intelligible Macht nicht sein eigenes Feuer hinein."

4

Denn überall wird diese Macht[8] dem mittleren Platz zugeschrieben; und innerhalb der intelligiblen Dinge verbindet sie den Vater mit dem Geist: „Die Macht ist mit Ihm, der Geist aus Ihm."

5

„Das Erste Transzendentale Feuer legte seine eigene Macht in die Materie hinein nicht durch Wirken, sondern durch Geist; der Geist aus dem Geist ist der Baumeister des Feurigen Kosmos"[9] sagt das Orakel.

6

Aber Atlas hält den Himmel hoch und trennt ihn von der Erde, sodass die Dinge oben nicht mit denen unten vermischt werden: „Denn wie eine gürtende, intelligible Trennwand teilt er", nach den Worten des Orakels, „das Erste Feuer von dem anderen Feuer, die beide bestrebt sind, sich miteinander zu vermengen."

7

„Alles vollendete der Vater und übergab es dem Zweiten Geist, den Ihr – die gesamte menschliche Rasse – den Ersten Geist nennt."

8

Und die höchst mystische Tradition – das Orakel von den Göttern – sagt, dass „neben dem Einen eine Dyade sitzt"[10.] Und es sagt: „Diese hat eine zweifache Aufgabe: Sie besitzt alle intelligiblen Dinge in ihrem Geist; und sie bringt die Sinneswahrnehmung in die Welten hinein."

9

Deshalb ist es rechterweise nicht möglich, dem Einen einen Namen beizugeben, als ob ein Name zu ihm passen würde. Daher, weil das jenseits aller Dinge sich Befindende nur mit dem Begriff 'Das Eine' bezeichnet werden kann, von denen, die das nicht Ausdrückbare auszudrücken wünschen, sprach nicht nur *Platon* so, sondern sogar die Götter. Denn die Götter selbst gaben folgende Orakel-Antworten: „Da alle Dinge von dem Einen ausgehen und umgekehrt wieder zu dem Einen zurückkehren, sind sie sozusagen intelligibel aufgeteilt in viele Körper."

9a

Und die Götter weisen uns an, die Vielheit in der Seele beiseite zu stellen, unsere Erkenntniskraft anzuheben und sie auf das Eine zu richten: „Haltet nicht in Eurem Geist jene andere Vielgestaltigkeit", sagen sie, „sondern erweitert die Erkenntniskraft in Eurer Seele hin zum Einen."

10

„Alles ist hervorgegangen aus Einem Feuer."[11]

11

Im Kreis der intelligiblen und verborgenen Göttern gibt es drei wesenhafte Naturen[12]; die erste davon wird von dem Guten charakterisiert als „das Gute begreifend, wo die Vater-Monade existiert", wie das Orakel sagt.

12

Daher ist das Ganze, in dem Bewegung, Begehren und Drang nach Werden stattfindet, das Ewige[13]:

„Denn die Monade, welche die Zweiheit erschafft, dehnt sich aus". Daher ist es allen Dingen bestimmt, stets in endloser Bewegung zu verbleiben, nach der Tradition der Orakel.

13

„Nichts Unvollkommenes geht aus dem Vater-Prinzip hervor."

14

„Der Vater erweckt nicht Furcht, sondern erfüllt mit Glauben."

15

„Jeder Gott ist gut". Die Orakel bezeugen diesen Grundsatz in jenen Versen, wo sie die Pietätlosigkeit der Menschen tadeln und sagen: „Wisst Ihr denn nicht, dass jeder Gott gut ist? Oh Sklaven, ernüchtert Euch!"[14]

16

Gewiss befinden sich der transzendentale Ort und jene Dinge dort „in dem gottnährenden Schweigen des Vaters."[15]

17

„Denn dem, der Erkenntnis hat, ist das Intelligible Nahrung", sagt das Orakel.

18

„Ihr Götter kennt das Überkosmische, den Väterlichen Abgrund[16], indem Ihr ihn erkennt", sagt der Hymnus an sie (die intelligiblen Götter).

19

Denn es wird gesagt – unter den Göttern selbst –, dass „jeder Geist diesen Gott erkennt."

20

„Denn der Geist besteht nicht getrennt von dem Intelligiblen, und dieses nicht getrennt von dem Geist", nach dem Orakel.

20a

Es wird gesagt, der Vater sei „intelligibel, da er das Denkende selbst in sich trägt".

21

„Er ist Alles, aber rein intelligibel"[17], sagt das Orakel .

22

Auf diese Weise wird in den Orakeln das Wirken der Götter und des Vaters von ihnen durch Rede offenbart, wenn es heißt: „Denn der Geist des Vaters hieß alle Dinge, sich in drei zu teilen[18], und so wurde alles regiert durch den Geist des Ersten

Ewigen Vaters. Er gab, das Haupt neigend, seine Einwilligung hierzu, und sofort wurde alles geteilt.“

23

Die Verse des Orakels sind folgende: „Dies geschah, damit eine Triade das All zusammenhalten möge, die alle Dinge ausmisst.“

24

Und was ist die mittlere Dyade?[19] Sie ist die verbindende und teletarchische Natur, die den Zusammenhang aufteilt „in Anfang, Ende und Mitte, nach der von der Notwendigkeit bestimmten Ordnung.“

25

Wie in der Tat das Orakel sagt: „Dies erdachte der Vater, und Sterbliches kam hierdurch zum Leben.“

26

Proclus spricht in dieser Weise zu dem Transzendenten Einen: „Die Welt, die Dich als eine triadische Monade sieht, erweist Dir Ehre.“

27

Wo der Vater ist, die Wirkkraft und der Geist, da ist auch jenes, was diesen vorangeht, der Einzige Vater, der noch vor der Triade ist: „Denn in jeder Welt leuchtet eine Triade, die von einer Monade regiert wird."[20]

28

Alles Intelligible ist eingeschlossen in dieser Triade [21], und jede göttliche Zahl kommt durch diese Ordnung hervor, wie sogar der Chaldäer selbst in dem Orakel sagt: „Im Schoß der Triade sind alle Dinge gesät."

29

Und weiter: „In die Triade hat der Vater jeden Lebenshauch eingemischt."

30

Daher ist sie nicht eine Quelle vieler Dinge, sondern „Quell aller Quellen", und nach den Worten des Orakels „der Mutterschoß, der das All enthält".

31

Die dritte Ordnung folgt zeitgleich mit der zweiten und der ersten Ordnung: „Von diesen beiden fließt das Band der Ersten Triade, die nicht wirklich die erste ist, sondern die, welche alles Intelligible ermisst.“

32

Die dritte Triade ist selbstentstanden, und sie nennt das Orakel „einen Werkmann, das heißt der Verteiler des lebenspendenden Feuers; auf dass er den lebengebenden Schoß der Hekate anfülle und auf die zusammenfügenden Kräfte eine Portion fruchtbaren und machtvollen Feuers ausgieße.“[22]

33

Auf diese Weise bleibt die Fähigkeit des Weltenschaffens in ihm und bleibt er selbst, weshalb er auch genannt wird „befähigter Werkmeister“ und „Baumeister des Feurigen Kosmos“.

34

Daher nennen die Orakel diesen allergrößten Gott den „Quell aller Quellen“, und sagen, dass dieser allein das All hervorgebracht habe: „Von dort springt die Geburt der buntgestaltigen Materie hervor. Von dort kommt ein dahinjagender Blitzstrahl, der die Blume des Feuers verdeckt, indem er in die Höhlungen der Welten hineinspringt[23]. Denn von dort beginnen alle Dinge, wunderbare Strahlen nach unten hin auszusenden.“

35

In der Tat, der Erste Eine Transzendente steht in Verbindung mit den Göttern; aber alles andere steht mit ihm in Verbindung durch Teilhabe: „Unversöhnlicher Donner springt aus ihm hervor und der blitzaufnehmende Schoß des strahlenden Schimmers der Hekate, der aus dem Vater entstanden ist. Aus ihm springt die umgürtende Blume des Feuers und der machtvolle Geisthauch, der jenseits der Feurigen Pole wohnt.“

36

Daher wird in den Orakeln gesagt, dass die Allererste Quelle die Unversöhnlichen in sich schließt, aber auf allen anderen reitet: „Der Geist des Vaters reitet auf den unerschütterlichen Führern[24], die unbeugsam leuchten durch die Furchungen des Unversöhnlichen Feuers.“

37

Wir müssen uns eben die Worte ins Gedächtnis zurück rufen, die in den Chaldäischen Orakeln zu finden sind: „Der Geist des Vaters, dieweil er dachte mit nachdrücklichem Willen, schoss die vielgestaltigen Ideen heraus. All diese sprangen heraus aus der Quelle, denn vom Vater stammt sowohl Wille als auch Vollkommenheit. Aber die Ideen wurden geteilt durch das Intelligible Feuer, und sodann anderen intelligiblen Dingen zugeteilt.

Denn der Regent des Alls hat vor den vielgestaltigen Kosmos ein intelligibles und unvergängliches Modell hingestellt, nach dem auf ungeordneten Pfaden die Welt mit ihrer Formgestalt eilends erschien, die vielgestaltigen Ideen ihr eingraviert. Es gibt nur einen Quell von diesen, aus dem auch andere Ideen geteilt fortsprangen, indem sie sich an den Körpern der Welten brachen. Jene, die rings um die furchtbaren Gebärmütter geboren wurden, wie ein Schwarm von Bienen hierhin und dorthin davonblitzend, sind die Intelligiblen Gedanken aus der Väterlichen Quelle, die in Fülle die Blume des Feuers abpflücken von dem Gipfeln der schlaflosen Zeit. Die erste selbstvollkommene Quelle des Vaters spie diese primären Ideen aus."

38

Die Orakel, die uns diese primär im Geist des Vaters vorhandenen Ideen erklären, nennen sie „Väterliche Gedanken": „Diese aber sind die Gedanken des Vaters, aus denen mein Feuer ausgewickelt ist."[25]

39

Aber das größte und vollkommenste Band, das der Vater um die Welt wirft, nennen die Orakel „das Band der Liebe, beladen mit Feuer": „Und nachdem er all seine Werke erdacht hatte, säte der selbstentstandene Väterliche Geist das Band der Liebe[26], beladen mit Feuer, in alle Dinge ein." Und

die Orakel nennen den Grund hierfür: „Damit das
All auf unbestimmte Zeit zu lieben fortfahren möge, und die Dinge, gewoben aus dem Intelligiblen
Licht des Vaters, nicht einstürzen mögen." Auf
Grund dieser Liebe stehen alle Dinge in Bezug
zueinander: „Mit dieser Liebe nehmen die Elemente der Welt ihren Lauf."

<h1 style="text-align:center">40</h1>

Deutlich inspiriert von den Orakeln, wird gesagt,
dass „die Anfangsgründe[27], als sie die intelligiblen
Werke des Vaters wahrnahmen, sie durch sinnlich
wahrnehmbare Werke und Körper verbargen."

<h1 style="text-align:center">41</h1>

„Das sinnlich Wahrnehmbare zu empfinden, heißt
berührt zu werden."

<h1 style="text-align:center">42</h1>

Die intelligiblen Ideen werden getrennt und
gleichzeitig zusammengesetzt, wie das Orakel
sagt, „durch das Band der wunderbaren Liebe, das
zuerst aus dem Geist hervorging, wobei es sein
eigenes Feuer-Band einkleidete in das Feuer des
Geistes, um die beiden Quellbecher miteinander
zu vermischen, indem es die Blume seines Feuers
darbot."[28]

<h1 style="text-align:center">43</h1>

„Mit tiefer Liebe wurde die Seele angefüllt".

44

Die Chaldäer übermittelten ein Orakel über die ganze Seele als eine göttliche Triade. Der Chaldäer selbst sagt: „Der Vater vermischte den Funken der Seele[29] mit zwei harmonischen Prinzipien, dem Geist und dem göttlichen Willen, denen er noch ein Drittes dazugab, reine Liebe, als Führer und heiliges Band aller Dinge."

45

Die Götter haben die wollüstige Liebe „eine Erstickung der wahren Liebe" genannt.[30]

46

Es ist notwendig, sich die Tugenden vorzunehmen, die reinigen und zu Gott zurückführen – „Glaube, Wahrheit und Liebe", diese preiswürdige Triade.[31]

47

Göttliche Hoffnung[32], die vom Geist herabsteigt und die gewiss ist: über sie sagt das Orakel: „Möge feuergebärende Hoffnung Dich ernähren ...."

48

„Alle Dinge werden regiert und bestehen in diesen drei Tugenden", sagt das Orakel. Aus diesem

Grunde raten die Götter den Theurgen, sich mit Gott zu verbinden mithilfe dieser Triade.

49

Die Ordnung der Ewigkeit wird von den Orakeln ein „vatergezeugtes Licht" genannt, da in der Tat vereinigendes Licht auf Alles herniederscheint: „Denn Aion allein, indem er reichlich die Blume des Feuers von der Stärke des Vaters pflückt, besitzt die Macht, den Väterlichen Geist zu erkennen[33], allen Quellgründen Geist einzupflanzen, sie umher zu wirbeln und in endloser Bewegung zu halten."

50

Es wird von den Göttern gesagt, dass „das Zentrum der Hekate aus der Mitte des Vaters geboren wurde."[34]

51

Es scheint mir, dass die Orakel von diesem Licht sprechen, wenn sie Hinweise auf das Lebensprinzip geben, durch das die Quelle aller Seelen das All belebt: „Um die Höhlung ihrer rechten Flanke ergießt sich im Überfluss ein Strom der primärgeschaffenen Seele, der Licht, Feuer, Äther und die Welten vollständig beseelt."[35]

52

„In der linken Flanke der Hekate existiert der Quell aller Tugend, der ganz drinnen bleibt und nicht seine Jungfräulichkeit aufgibt."[36]

53

So nennen die Orakel die teilhaften Geistkeime des Weltschöpfers „Gedanken": „Nach den Vater-Gedanken bin ich gesetzt, die Seele, die mit Glut das All belebt."[37]

54

Auch die Theologen[38] nehmen an, dass die Quelle der Natur in der schöpferischen Göttin[39] liegt: „An dem Rücken der Göttin ist die grenzenlose Natur aufgehängt."

55

„Ihr Haar erscheint blendend in schimmerndem Licht", sagt einer der Götter.

56

Über Rhea, die schöpferische Quelle, aus der alles göttliche Leben – intelligibel, spirituell, und materiell – geschaffen wurde, sagen die Orakel folgendes: „Wahrlich ist Rhea der Quell und der Strom aller intelligiblen Dinge. Denn sie, als die Erste an Macht, empfängt die Geburt von all diesem in ihrem unaussprechlichen Schoß und stößt diese Geburt in das All heraus, während es auf seiner Bahn läuft."[40]

57

„Der Vater ließ die sieben Firmanente der Welten sich aufblähen."[41]

58

Nachdem ich aber von den Chaldäischen Theurgen gehört habe, dass Gott die Sonne in die sieben Zonen einschaltete und die anderen sechs von ihr abhängig machte[42], und nachdem ich die Götter selbst sagen hörte, dass das Solare Feuer „auf der Seite des Herzens eingerichtet ist", folge ich weiter den Offenbarungen der Götter.

59

Die höchst mystischen Lehren übermitteln, dass diese „Ganzheit" in den überkosmischen Welten besteht; denn dort existiert „der Solare Kosmos und das ganze Licht", wie die Chaldäischen Orakel sagen, an die ich glaube.

60

Die Theologen aber höre ich die Sonne nennen: „Feuer, Kanal des Feuers" und „Verteiler des Feuers", und mit lauter solchen Namen.

61

Die Orakel aber stellen überall den Mond hinter die Sonne und die Luft hinter den Mond[43]. Den ätherischen Lauf und grenzenlosen Impuls des Mondes nennen sie und Ströme der Luft; Äther, Sonne, Atem des Mondes, Luftführer. In anderen Versen sprechen sie von Sonnen-Kreisen, Mond-Lotungen und Luft-Höhlungen; Anteile des Äthers und der Sonne, Kanäle des Mondes und der Luft; Anteile des Äthers, der Sonne, des Mondes und all der Dinge, die in den Lüften schwimmen. Sich ausbreitende Luft, der Lauf des Mondes und der ewige Kreislauf der Sonne.

62

Offenbar sind dies die „Äther der Elemente", wie die Orakel sagen.

63

Die Götter haben uns in den Orakeln gelehrt, dass eine einzelne Linie „in gekrümmter Form gezogen" ist, und sie machen von der linearen Form oft Gebrauch.

64

Die Orakel sprechen nicht bloß einmal, sondern oft von der Prozession der Fixsterne: „Der Lauf des Mondes und die Sternen-Prozession."

65

Der schöpferische Kanal geht weiter bis zum Zentrum, wie auch die Orakel sagen, wenn sie von dem mittleren der fünf Kanäle sprechen, der sich von der Höhe geradenwegs zur entgegengesetzten Seite erstreckt durch das Zentrum der Erde. „Es gibt einen fünften in der Mitte, ein anderer Kanal des Feuers, wo das lebengebärende Feuer bis zu den materiellen Kanälen hinabsteigt.“

66

„Indem die Kanäle miteinander verbunden werden, vollendet das höchste Leben die Werke des unvergänglichen Feuers“ nach den Worten des Orakels, und bringt ein einziges göttliches Band hervor, eine vereinigende Mischung der Teilnehmer.

67

Die Theologie der Assyrer hat dieselben Lehren, die ihnen von den Göttern offenbart wurden. Denn in dieser Theologie wird vom Weltenbaumeister gesagt, dass er die ganze Welt gebildet habe „aus Feuer, Wasser, Erde und der allernährenden Luft.“

68

Und der Schöpfer, mit seinen Händen arbeitend, soll die Welt erbildet haben: „Denn welche andere Menge an Feuer auch vorhanden war, das All erbildete er mit seinen eigenen Händen, sodass die

Körper-Welt gänzlich vollendet sei und nicht bloß
wie eine Art Membrane erscheine."[44]

69

Vom Himmel wird klar gesagt, dass er einen Körper habe, und auch damit stehen die Orakel voll-
ends im Einklang: „Der Himmel zwar ist eine
Nachahmung des Intelligiblen, aber dieses Pro-
dukt trägt auch etwas Materielles in sich."

70

Die Orakel sagen deutlich, dass die Natur, die alle
Dinge durchdringt, von der Großen Hekate abhängt: „Denn die nimmermüde Natur regiert Welten und Werke, auf dass der Himmel sich umwen-
de, seinen ewigen Lauf gehend, und dass die eilige
Sonne im Kreis herum komme, wie sie es gewohnt
ist zu tun."

71

Apollo, „sich brüstend mit der Harmonie des
Lichts"[45], wie einer der Theurgen es sagt.

72

Aus diesen Gründen scheint es mir wiederum,
dass *Platon* genau dieselben Dinge gesagt hat, die
später durch die Götter offenbart wurden. Was die
Götter genannt haben: „gewappnet vom Haupt bis

zu den Zehen", pries *Platon* als „geziert in voller Rüstung". „Denn ich, die Göttliche, bin angekommen, gerüstet von Kopf bis Fuß".[46]

73

Wenn Zeus im Himmel sein soll, so ist es möglich, die regierenden Wesen in himmlische und irdische zu trennen. In der Mitte dazwischen sind die drei Väter[47], wie auch die Orakel bezeugen: „Unter diesen ist der erste geheiligte Lauf. Dann, in der Mitte, ist der Lauf der Luft. Ein anderer dritter ist jener, der die Erde durch Feuer erwärmt. Alle Dinge dienen diesen drei ungestümen Regenten."

74

Sie werden Uranfänge genannt, da sie die Ersten sind, die aus ihren eigenen Quellen ausfließen. Daher heißt ihre Ordnung „uranfängliche Quelle".

75

Wenn der Orakelgeber die uranfängliche Vielheit bespricht, sagt er, dass „der Hauptkanal unter ihnen liegt."

76

Auch haben uns die Götter gelehrt, dass es unzählige Iyngen gebe: „Viele von ihnen springen hervor und stehen leuchtenden Welten vor. Unter diesen ragen drei Gipfel hervor – die Welten des Feuers, des Äthers und der Materie."

77

„Die Iyngen, die vom Vater erdacht wurden[48], können auch selbst denken, da sie von seinen unaussprechlichen Ratschlüssen dazu bewegt wurden."

78

Die drei Väter, die allen magischen Operationen vorstehen, verursachen alle Dinge, zu erscheinen und zu verschwinden, da sie „Sendboten" des Vaters und der Materie sind, um im Einklang mit dem Orakel zu sprechen.

79

„Jede Welt besitzt unbeugsame, intelligible Unterstützer."

80

Auch dies lehren uns die Götter, dass es viele verbindende Geister gibt. Dies verdeutlichen die Orakel: „All diese Dinge dienen materiellen Verbindungs-Geistern."[49]

81

Und brauchen wir mehr zu sagen, wenn selbst die Orakel, in Verehrung der Götter, die oberhalb der Geistordnung existieren, dieselben Namen gebrauchen? „Alle Dinge unterliegen den Intelligiblen

Blitzstrahlen[50] des Intelligiblen Feuers, und dienen dem nachdrücklichen Willen des Vaters."

82

Mehr als alles andere ist die Funktion des Überwachens den Verbindungs-Geistern zugesprochen, umso mehr als sie alle Dinge in sich selbst beschließen und miteinander verbinden. Die Götter sagen es auch so: „Er gab diesen Gipfeln die Schirmherrschaft über seine intelligiblen Blitzstrahlen, indem er die Macht seiner eigenen Stärke diesen Verbindungs-Geistern beimischte."

83

Daher wird von den Göttern mitgeteilt, dass die Verbindungs-Geister die „Vereiniger" der intellektualen Ordnungen sind.

84

„Aber der Erste Vereiniger[51], auf dem höchsten Gipfelpunkt seiner eigenen Existenz, der Alles umfasst", existiert nach den Worten des Orakels „gänzlich außerhalb".

85

Der erste Teletarch führt den „Flügel des Feuers", der mittlere vervollkommnet den Äther, und der dritte Teletarch vollendet die Materie.

86

Der „Regent der Seelen", der auf den ätherischen Welten steht, ist ein Teletarch.

87

Die Theurgen lehren dies sehr klar, und die Orakel der Götter ebenso: „Ein heiliger Name aber, in ruheloser Bewegung, sprang in die Welten hinein, auf den eiligen Befehl des Vaters."

88

„Die Natur möchte uns glauben machen, dass die Dämonen rein sind, und dass der Ausfluss der bösen Materie gut und nützlich sei."[52]

89

Die Rasse der bösen Dämonen zieht die Seelen hinunter, eine Rasse die auch „tierisch und schamlos" genannt wird, sobald sie sich der Natur zuwendet.

90

„Aus den Höhlungen der Erde springen chthonische Hunde hervor, die nie einem Sterblichen ein wahres Zeichen geben." Dies Orakel ist über die Dämonen, die in die Materie involviert sind. Sie heißen Hunde, denn sie sind die Rächer der Seele.

91

Von den Geistern der Luft ausgehend, treten die vernunftlosen Dämonen ins Dasein. Daher sagt das Orakel: „Führer der Hunde[53] der Luft, der Erde, des Wassers."

92

Das Orakel nennt diese Dämonen auch „Wasserpflanzen".

93

Soviel also über die „vielfließenden Rassen" der Dämonen.

94

Die Orakel lehren, dass der Weltenschöpfer unsere Seelen hervorbringt und sie ins Dasein schickt, worüber sowohl die Orakel als auch *Timaeus* sprechen. Der Weltenschöpfer setzte den „Geist in die Seele, aber die Seele legte er in unsere trägen Körper, Er der Vater der Götter und der Menschen."[54]

95

Der Buchstabe *Chi*, der zum Wesenhaften der Seele gehört, wurde „in das Herz gelegt"[55], als ein Eigentum jeder Seele. Dies sind die Lehren der Theurgen und der Götter, wenn sie die unbekannten Dinge beschreiben.

96

„Die Seele, bestehend als ein leuchtendes Feuer aus der Macht des Vaters, bleibt unsterblich. Sie ist die Gebieterin des Lebens und sie besitzt in vollem Maße die vielen Gebärmütter[56] des Kosmos.“

97

„Indem sie sich Flügel nimmt, wird die Seele des Sterblichen Gott in sich hineindrücken. Und wenn sie nichts Sterbliches mehr besitzt, ist die Seele von Gott ganz und gar berauscht. Daher seid stolz auf die Harmonie, unter welcher der sterbliche Körper existiert.“[57]

98

Ein bedeutenderer Mann als ich hat einmal gesagt: „Die Äther haben den Körper eines heiligen Mannes gestärkt“.

99

Die Seelen, die sich – wie die Götter sagen – „umgewendet haben, um der Schöpfung zu dienen, jedoch auf ungezähmte Weise“, werden die Schöpfung hinter sich lassen und aufsteigen.

100

Wir hören die Orakel sagen, die Materie sei „armselig“, weil unfruchtbar.

101

„Beschwöre nicht das selbstoffenbarte Bildnis der Natur."

102

Denn die Quelle der Natur und die allererste Vorbestimmung ist von den Göttern selbst benannt worden: „Starre nicht auf die Natur; ihr Name ist Bestimmung".

103

„Fördere nicht die zunehmende Vorbestimmung." Der Weiseste unter den Griechen bezeichnet die Vorbestimmung als Natur.

104

„Entweihe nicht den Äther und verdunkle nicht die Oberfläche."

105

Die Wurzel des Übels ist der Körper. Der Abstieg zur Erde ist die Aufsonderung unserer selbst. Dort müssen Neid und Missgunst zurückgewiesen werden. Da sie materiell sind, haben sie die Materie als Nährmutter. „Unterdrücke nichts in Deinem Geist", wird uns gesagt bezüglich des Ausschließens, nicht der Auslöschung des Begehrens.

106

„Oh Mensch, schlaues Geschöpf einer dreisten Natur.“

107

„Wirf nicht die ausgedehnten Maße der Erde in Deinen Geist, denn die Pflanze der Wahrheit existiert nicht auf Erden. Miss nicht die Ausdehnung der Sonne, indem Du Messruten aneinanderfügst, denn sie ist durch den ewigen Willen des Vaters geboren und nicht um unseretwillen. Lass die jagende Bewegung des Mondes, er läuft schon immer auf seiner Bahn durch das Werk der Notwendigkeit. Die Sternen-Prozession ist nicht hervorgebracht worden um unseretwillen. Der weitgebreitete Flug der Vögel ist nicht wahr, auch nicht das Zerschneiden und die Eingeweide geheiligter Opfertiere. All dies sind Spielzeuge, die Stützbalken geschäftsmäßigen Betruges. Fliehe diese Dinge, wenn Du Dir das heilige Paradies der Frömmigkeit eröffnen willst, wo Tugend, Weisheit und rechte Ordnung zusammengefügt sind.“[58]

108

Ein anderes Orakel ist dies: „Der Vater-Geist hat Symbole in den Kosmos eingesät, der Intellekt, der sich die intelligiblen Dinge erdenkt. Diese heißen die unaussprechlichen Schönheiten.“[59]

109

„Der Vater-Geist nimmt den Willen der Seele nicht an, außer dass die Seele sich aus der Vergesslichkeit erhebt und ein Wort ausspricht, eingedenk des reinen Väterlichen Zeichens."[60]

110

„Suche den Kanal der Seele[61], durch den sie in eine bestimmte Ordnung hinabstieg, um dem Körper zu dienen; und suche, wie Du sie wieder in ihre Ordnung aufsteigen lässt, indem Du rituelles Handeln verbindest mit einem heiligen Wort." Das bedeutet, suche nach der Quelle der Seele, von wo sie irregeführt worden ist, indem sie dem Körper diente; und wie jemand, der sie erhebt und auferweckt mit dem Mittel initiatischer Riten, sie dorthin zurückführt, von wo sie gekommen ist.

111

Die Fähigkeit des Geistes gleicht einem Rad. Denn der Geist ist geboren um das Intelligible herum wie um ein Zentrum: „Dränge Dich aufwärts zu dem Zentrum des schreienden Lichts, sagt einer der Götter."[62]

112

„Lass die unsterbliche Tiefe Deiner Seele geöffnet sein. Mögen Deine Augen aufwärts zu den Höhen gerichtet sein."

113

So weisen die Orakel an, dass die Seele „in Schach gehalten" werden solle: „Ein denkender Sterblicher muss Seine Seele in Schach halten, auf dass sie nicht falle mit der unglücklichen Erde, sondern errettet werden möge."

114

Es wird gesagt, dass Prometheus unser geistiges Leben vorausgedacht hat[63], damit wir nicht „überschwemmt von den Leidenschaften der Erde" und zerstört durch die Zwänge der Natur sein würden, wie einer der Götter sagte.

115

„Du musst dem Licht entgegen eilen[64] und den Lichtstrahlen des Vaters, von wo die Seele, eingekleidet in einen mächtigen Intellekt, zu Dir gesendet wurde."

116

„Denn das Göttliche ist nicht jenen Sterblichen zugänglich, die körperlich denken, sondern all denen, die entblößt aufwärts zu den Höhen eilen", wie das Orakel sagt.

117

Die eher energischen Naturen schauen die Wahrheit selbst und sind erfinderischer, „erlöst durch ihre eigene Macht", wie die Orakel sagen, während die Schwächeren Anweisung wie auch Mahnung brauchen von anderen, die Vollkommenheit besitzen auf jenen Gebieten, wo sie jene nicht haben.

118

Lasst ihn das heilige Orakel hören, das von abweichenden Pfaden spricht, wonach es möglich ist, den Samen von Innen her zu vergrößern. „Einigen gab Gott die Fähigkeit, das Sinnzeichen des Lichts durch Unterweisung zu ergreifen. Andere jedoch hat er mit ihrer eigenen Stärke befruchtet, und zwar im Schlafe."

119

Für die Reinigung unserer Lichtkörper ist es notwendig, materielle Befleckungen loszuwerden und sich heiligen Reinigungen zu unterziehen, für jene „Stärke, die uns mit Gott verbindet" und uns zum Abflug reizt.

120

Wir müssen uns sehr um die Reinigung unserer Lichtkörper bemühen, von den Orakeln genannt „feingebaute Vehikel unserer Seele"[65].

121

Zu all diesem gehört auch die „Annäherung" – die Orakel nennen sie so: „Der Sterbliche, der sich dem Feuer annähert, wird das Licht Gottes besitzen."

Die „Annäherung" erlaubt uns also eine engere Kommunion und eine bestimmtere Teilhabe an dem Licht der Götter.

122

Wie bewirkt die Engelordnung das Aufsteigen der Seele? „Indem sie die Seele durch Feuer leuchten lassen", sagt das Orakel. Das heißt, die Seele von allen Seiten her zu erleuchten und sie mit reinem Feuer anzufüllen, das ihr eine unentwegte Ordnung und Macht gibt, durch welche sie nicht in die materielle Unordnung stürzt, sondern den Kontakt mit dem Licht der göttlichen Wesen aufnimmt.

123

Und die Engelordnung bewirkt eine Trennung von der Materie, „indem sie die Seele mit einem heißen Hauch erleuchtet", und einen Aufstieg ermöglicht durch ein anagogisches Leben. Denn der „heiße Hauch"[66] ist die Teilhabe am Leben.

124

„Jene, die durch Einatmen die Seele aussenden, sind frei."[67]

125

Nach den Chaldäern hat sich das Zweite Transzendente den Welten mitgeteilt, und es sät „Lichter, die freigesetzt sind", um ihre Worte zu gebrauchen.[68]

126

Die Theologie von *Platon* „hat das Feuer angezündet", durch das besondere Seelen in Verbindung treten mit der unerkennbaren Transzendenz des Einen.

127

„Auf allen Seiten breiten sich von der ungeformten Seele die Zügel des Feuers aus."[69]

128

„Wenn Du, erhellt von Feuer, Deinen Geist ausweitest auf die Werke der Frömmigkeit, wirst Du auch Deinen strömenden Körper erretten."[70]

129

Die Orakel der Götter bezeugen all diese Dinge. Ich meine, dass durch die heiligen Riten nicht allein die Seele, sondern auch der Körper mancher Hilfe und viel Heils für wert erachtet wird: „Erlöse auch die sterbliche Bedeckung aus bitterer Materie", verkünden die Götter den höchst heiligen Theurgen, wenn sie sie ermutigen.

130

Die Seelen, die die Werke des Vaters bewundern, „fliehen den schamvollen Flügelschlag des zugeteilten Geschicks", wie die Orakel sagen, „und ruhen in Gott, wo sie in den blühenden Flammen ziehen, die herabkommen vom Vater. Von diesen Flammen, sobald sie absteigen, pflückt die Seele die sich selbst ernährende Blume der feurigen Früchte."

131

Das Orakel sagt, dass die Seelen, die aufsteigen, „eine Hymne an Paian[71] singen".

132

Bezüglich dieser stellen die Orakel heraus, dass sie unnennbar sind, und fügen hinzu: „Halte Schweigen, Myste!"[72]

133

Auch der Theurg, der die Einweihung durchführt, beginnt sein Werk mit Reinigungen und Besprühungen: „Vor allem, lass den Priester selbst, der die Werke des Feuers regiert, besprüht sein von der eisigen Woge des tief brausenden Meers", wie das Orakel über ihn sagt.[73]

134

Das Orakel: „Eile nicht zu der lichthassenden Welt, ungestüm vor Materie, wo Mord ist und Unordnung, üble Gerüche, träges Siechtum, Verderbnis und schwankendes Tun. Wer den Intellekt des Vaters zu lieben strebt, muss diese Dinge fliehen."

135

Daher ermahnen uns die Götter, nicht vorderhand auf diese Dämonen zu starren, bevor wir nicht durch die Macht der Initiations-Riten gestärkt sind: „Denn Ihr sollt nicht auf jene starren, bevor Ihr nicht Eure Körper initiiert habt. Irdischer Natur, sind diese übelgesinnten Hunde schamlos." Aus diesem Grunde fügen die Orakel hinzu, dass „sie die Seelen verzaubern, sich für immer von den Riten abzuwenden."

136

Im Sinne der geistigen Schau und des Einweihungs-Weges ist es dies, was den Aufstieg sicher und gewiss für uns macht – das Fortschreiten auf geordnete Weise. Auf jeden Fall sagt das Orakel: „Aus keinem Grund wendet sich Gott vom Menschen ab und sendet ihn, mit seiner lebendigen Macht, auf leere Pfade", außer wenn wir auf eine ungeordnete und unrichtige Weise den Aufstieg zu den heiligsten aller Visionen und Werke unternehmen.

137

Wer ein wahrhaft hohepriesterliches Leben führt, sagt das Orakel, „leuchtet wie ein Engel, indem er im Licht lebt".

138

Aber *Platon* glaubt, dass die Seelen der Theurgen nicht ewiglich in der intelligiblen Ordnung bleiben, sondern dass sie auch in das Werden hinabsteigen, von denen das Orakel sagt, sie seien „in der Engelordnung".[74]

139

Daher hat das Orakel angegeben, dass „der feuererhitzte Gedanke" die allererste Ordnung in heiliger Andacht erhält.

140

Es ist notwendig, ständig teilzuhaben an der Andacht des Göttlichen: „Gegen einen Sterblichen, der säumig ist im Gebet, handeln die Gesegneten schnell."

141

Solches ist von den Göttern gesprochen worden, nämlich: „Es ist die Lösung des Gottes, wenn der träge Sterbliche sich jenem Ort zuneigt."[75]

142

Diese Dinge sagen die Götter zu den Theurgen. Sie sagen nämlich, dass – obwohl wir unkörperlich sind – „Körper an unsere selbstoffenbarte Erscheinung angeheftet sind, um unseretwillen".[76]

143

Deutlich sagen die Orakel zu den Theurgen, dass alle göttlichen Wesen unkörperlich sind, dass ihnen aber um Euretwillen Körper angeheftet sind, da Ihr nicht die Macht habt, an der Unkörperlichkeit der unkörperlichen Wesen teilzuhaben, und zwar infolge der „körperlichen Natur, auf die Ihr aufgepfropft worden seid."

144

In diesem Lichte werden „die Ungeformten geformt", wie das Orakel sagt.[77]

145

Daher ermahnen uns die Götter, „die Gestalt des Lichtes wahrzunehmen, das da ausgestreckt ist". Denn obwohl es auf den Höhen ohne Gestalt war, so wurde es doch geformt durch Bearbeitung.

146

Die mystische Lehre, die von den Göttern übergeben wurde, vermittelt auch diese Dinge: „Nach dieser Invokation wirst Du entweder ein Feuer sehen, in Gestalt einem Kind ähnlich, ausgestreckt über die Wogen der Luft, oder Du wirst ein formloses Feuer sehen, aus dem eine Stimme ausgesendet wird, oder Du wirst ein prächtiges Licht sehen, das wie eine Spirale über das Feld eilt. Aber Du magst auch ein Pferd sehen, blendender als Licht, oder sogar ein Kind, das auf dem gewandten Rücken eines Pferdes steht, ein Kind aus Feuer oder ein Kind ganz mit Gold bedeckt oder ein nacktes Kind oder eines, das mit einem Bogen schießt, während es auf dem Rücken eines Pferdes steht.[78]

147

„Wenn Du öfter mit mir sprichst, wirst Du alles in Gestalt eines Löwen erblicken. Denn weder wird die gekrümmte Masse des Himmels dann erscheinen noch werden die Sterne scheinen. Das Licht des Mondes wird verborgen sein, und die Erde wird nicht fest gesichert sein, aber alles wird durch die Strahlen von Blitzen gesehen werden.“[79]

148

„Wenn Du aber das gestaltlose, heilige Feuer siehst, wie es sprunghaft und rapide durch die Tiefen der ganzen Welt leuchtet, dann höre auf die Stimme des Feuers.“

149

„Wenn Du bemerkst, wie sich ein chthonischer Dämon nähert, so biete den *Mnizouris*-Stein dar und beginne eine Invokation.“

150

„Ändere nicht die einheimischen Namen.“[80] Das bedeutet: Die Namen, die von den Göttern an jedes

Volk übergeben wurden, besitzen eine unaussprechliche Macht in den Initiations-Riten.

151

Das Orakel nennt die Winkelverbindungen des Euklid die „Vereiniger" der (geometrischen) Figuren.

152

Das Eine Transzendente ist, wie das Orakel sagt, "ohne Teile", einfach und unteilbar.

153

Die Seelen, die in der Pentade wiederhergestellt werden, kommen unter die Macht der Vorbestimmung, sagt das Orakel: „Aber die Theurgen fallen nicht in die Herde hinein, die der Vorbestimmung untertan ist."

154

Wir müssen die Massen der Menschen fliehen, „die umhergehen in Herden", wie das Orakel es ausdrückt.

155

So also ist die Natur der Leidenschaften, die der Vernunft abgeneigt sind und schwer von ihr zu bändigen, belastet und ohne eine Teilhabe an der Vernunft, die Licht ist.

156

„Denn sie unterscheiden sich nicht sehr von Hunden ohne Vernunft" sagt das Orakel über solche, die ein schlechtes Leben führen.

157

„Denn chthonische Bestien werden Dein Fahrzeug besetzen". Das „Fahrzeug" ist die zusammengesetzte Mischung unseres Lebens; die „chthonischen Bestien" sind jene Dämonen, die auf der Erde umherstreifen.

158

Der Lebenshauch begleitet die aufsteigende Seele, soweit er folgen kann; und er kann folgen, bis er zu dem am weitesten entgegengesetzten Orte gekommen ist. Hören wir also, was das Orakel hierüber sagt. „Du wirst nicht den Bodensatz der Materie hinter Dir lassen auf einem Absturz, aber es gibt auch einen Platz für das Bildnis auf jenem Ort, der von Licht umgeben ist."

159

„Die Seelen der Menschen, die ihren Körper gewaltsam verlassen haben, werden angeklagt."[81]

160

Für menschliche Seelen ist es gegen die Natur, in vernunftlose Tiere einzugehen[82]. Die Orakel sind nicht die einzigen, die dies lehren, wenn sie sagen, dass es ein „unauflösliches Gesetz von den Gesegneten ist", dass die menschliche Seele „wieder in ein menschliches Leben übergeht und nicht in das Leben eines Tieres."

161

„Rachegeister, Würger der Menschen"

162

„Ha! Ha! Die Erde heult um sie bis in die Zeit ihrer Kinder."[83]

163

Prophezeien die Götter nicht dasselbe über diese Welt? „Beuge Dich nicht hinab zu dieser dunkelschimmernden Welt, unter der sich ein Abgrund ausbreitet, ewig gestaltlos und unsichtbar, dunkel allüberall, falsch, vergnüglich an Bildern, ohne Vernunft, abschüssig, verdreht, ewig sich drehend um ihre entstellte Tiefe, ewig verhaftet an ein unsichtbares Bild, leer, ohne Atem."

164

„Beuge Dich nicht hinab. Ein Absturz liegt unter der Erde, der zieht die Seelen hinab vom Treppenhaus der sieben Stufen."[84]

165

„Suche das Paradies ...." Das Chaldäische Paradies ist der vollständige Chor der göttlichen Mächte um den Vater und die empyreischen Schönheiten der erschaffenden Prinzipien.

166

„Gib die Seele nicht frei, außer wenn sie davon abkommt, irgendetwas Böses zu besitzen." *Plotin* bringt dies Orakel in seinem Traktat über die unvernünftige Freigabe der Seele.

167

Dies ist für das mathematische Zentrum typisch, dass es der Endpunkt ist, von dem alle Linien in den Umkreis fortgehen, und es verleiht ihnen Gleichheit als ein Bildnis seiner Einheit. Auf diese Weise wird „Zentrum" von den Orakeln definiert: „Zentrum, von dem alle Dinge gleich zum Rand sind".

168

Apollo aber wendet die Solaren Prinzipien in eine einzige Kombination um, „indem er das dreiflügelige Prinzip[85] festhält", wie das Orakel sagt.

169

Die von den Göttern gegebenen Orakel kennzeichnen die Göttlichkeit als „Einmal", indem sie sagen:

„Das Einmal-Transzendente“, wobei das „Einmal“ eng verwandt ist mit dem Einen.

170

Was aber ist, wenn die Berge einfallen, da die Winde sie von den unterirdischen Orten losbrechen, worüber die Orakel sagen: „Städte, Menschen und alles wird zerstört werden“.[86]

171

Der Vater führt uns, indem er Feuerpfade öffnet, „sodass wir nicht in einen elenden Strom der Vergessenheit hineinfallen mögen.“

172

Das Ungestüm der Materie, „durch das wir in verkehrte Ströme hineingezogen werden“, wie das Orakel sagt.

173

Jemand sagt, Aphrodite sei die „primordiale Materie“, die nach den Orakeln sowohl sternenhaft als auch himmlisch ist.[87]

174

Es ist darum klar, dass sie sich selbst Bewegung verleiht; folglich ist sie selbstbewegend.[88] „Anderen gibt sie Leben, sich selbst wesentlich mehr“, sagen die Orakel.

175

Über den wirklich Ersten Vater wird gesagt, unter anderem: „Die erste Macht des Heiligen Wortes ...“

176

Und nicht „die Füße unter die Schritte werfen“, nach dem Orakel.[89]

177

Es bleibt nun, ein Mittleres zwischen der Verbindungs- und der Teletarchen-Ordnung zu schaffen. Und was ist diese Triade des Mittleren? „Die Teletarchen unterstützten die Verbindenden“ laut dem Orakel.

178

Aber all dies deute ich „in den entlegensten Winkeln des Geistes“.

179

Wir sagen, im Einklang mit dem Orakel, dass das Intelligible „die Quelle aller Teilungen“[90] ist.

180

Die ganze schöpferische Natur, in der „das Ungestüm der Materie“ besteht.

181

Die ganze schöpferische Natur, in der „die licht-
hassende Welt" besteht, wie die Götter sagen.

182

Aus diesem Grunde glaube ich, dass Tugend und
Weisheit dort offenbart sind, in der mittleren Ordnung des Intelligiblen, und „die geistvolle Wirklichkeit", nach dem Orakelwort.

183

Denn nach dem Orakel ist „das Wirkliche in der
Tiefe"[91].

184

Ein anderer Kreis ist, nach den Chaldäern, der Solare Kosmos, der „der ätherischen Tiefe zu Diensten steht"[92].

185

Die wahrere Sonne misst das All aus, zusammen
mit der Zeit, indem sie „die Zeit der Zeit"[93] ist,
nach dem Orakel der Götter über dieses Thema.

186

Der Fluss der Vergessenheit bedeutet all das Vor-
beifließen der materiellen Dinge und „unser eilendes Fahrzeug"[94].

186a

Die Seele ist ein „vielgestaltiges Bildnis", und sie besitzt die Prinzipien von allem, was besteht[95].

B) Verschiedene Chaldäische Aussprüche

187

Die Theologen sagen, dass „Nichtalterung"[96] dieser Ordnung eigentümlich sei, wie die Barbaren sagen, und der griechische Theologe Orpheus.

188

Namen, wie sie von den Assyrern gefeiert werden – Zonale, Überzonale, Quellen, Unversöhnliche, und Verbindende.[97]

189

Und sie ist sichtbar von allen Seiten, und sie hat „Gesichter auf allen Seiten", und sie empfängt in ihrem Schoß die Ströme der Intelligiblen .... Und sie sendet die Kanäle der materiellen Welt hinfort und enthält in sich selbst das Zentrum der Verarbeitung aller Dinge.[98]

190

Dass ein genaues Wissen um den Weg der Dinge in uns erzeugt wird durch höhere Wesen, wird angemessen offenbart in den *autoptic*-Offenbarungen und durch die Führung der Götter, die den Seelen die Ordnung des Universums eröffnen, unsere Reise zu dem Intelligiblen anleiten, und das Feuer entfachen, das „aufwärts führt".

191

Bezüglich jener Dinge stellt das Orakel heraus, sie seien „unaussprechlich".

192

Und es wird von den Orakeln übermittelt, dass der Himmel „in die Materie hineingezogen" ist.

193

Denn den von den Orakeln Inspirierten wird gesagt, dass selbst diese überkosmischen Seelen „befördert werden" in bestimmte überkosmische Körper, die ätherisch wie auch empyreisch sind.

194

Wenn ich aber jene unsagbare mystische Lehre berühren sollte, die der Chaldäer in göttlichem Wahnsinn[99] aussprach bezüglich des „siebenstrahligen Gottes" – jenes Gottes, durch den er die Seelen bewegt, hinabzusteigen –, dann würde ich unwissbare Dinge sagen. Ja, unwissbare für die Herde, aber gut bekannt den gesegneten Theurgen.

195

Die Theurgen aber haben die Zeit selbst als einen Gott gepriesen, und einen Zeitgott lobpreisen sie als „verbunden mit den Zonen", den anderen als unabhängig von den Zonen.[100]

196

Das initiatische Leben steuert am meisten bei zur Beseitigung, und zwar mit göttlichem Feuer, all der Befleckungen, die der Schöpfung beiwohnen, wie die Orakel lehren, und all der fremden und unvernünftigen Natur, die das pneumatische Fahrzeug der Seele dorthin gezogen hat.

197

Deshalb wird jede Teilung als „Schlüssel" zu den Göttern gepriesen.

198

So schließt die „verborgene Ordnung"[101] die ganze intelligible Ordnung ein.

199

Die Theurgen preisen diesen Gott, Chronos, als älter, jünger, „aufgerollt in einem Kreis", und ewig.

200

Beim Betrachten der Planeten sagte Julian der Theurg, dass Gott sie als sechs einrichtete, aber das Feuer der Sonne als siebenten „einschaltete".

201

Bestimmte Seelen werden innerkosmisch durch ihre „Fahrzeuge"[102].

202

Und der „für alle geöffnete Hof"[103] ist die Väterliche Ordnung des Vaters, die alle Seelen willkommen heißt und umfasst, die sich der Höhe zugewandt haben.

203

Es gibt eine „Kette" von Firmamenten[104] – das Empyreum, das Ätherium und das Hyleum (die materielle Welt).

204

Die Seele in ihrem Zusammenwirken ist zu schwach, um sich selbst zu erhalten, aufgrund ihres Zusammenwirkens mit einem „zerstreuten" Körper.

205

(Siehe Fragment 57).

206

Darum lehrt das Orakel, diesen Ritus zu vollziehen, wahrlich die Bewegung solch eines magischen Rades[105], da es unsagbare Macht besitzt.

207

Denn er ist, wie das Orakel sagt, der „Verbinder" Aller Seelen.

208

Proklos aber machte Gebrauch von jenen „Conjunktionen"[106], Gebeten, und dem göttlichen, unsagbaren, magischen Rad der Chaldäer.

209

(Siehe Fragment 59).

210

Der Chalkis[107] heißt so wegen der klaren und scharfen, melodiösen Art seines klingenden Blasens. Ohne Zweifel nannten ihn die Chaldäer so, weil sie es von den Göttern gehört hatten. Und der Kumindis ist unter den kleinsten Vögeln.

210a

Die Orakel raten denen, die sich ihre Gelenke gesund erhalten wollen, sich während des Monats August „der Malwe[108] zu enthalten".

210b

Das Orakel regt an, zu unserer Gesundheit während des ganzen Monats September „Milch zu trinken".

210c

Er setzte die ganze sinnlich wahrnehmbare Welt in ihre Ordnung ein mit Hilfe seiner weltschöpferischen Mächte, die von den Söhnen der Theurgen „Hände"[109] genannt werden.

C) Zweifelhafte Fragmente

211

„Das elende Herz des Empfängers unterstützt mich nicht", sagt einer der Götter.

212

„Was der Geist sagt, das sagt er zweifelsohne durch Denken".

213

Daher warnen selbst die Heiden vor der ungestümen Geistlosigkeit: „Flieh geschwind vor den irdischen Leidenschaften, flieh hinweg von ihnen, Du, der Du das höhere Auge der Seele besitzest und die standhaften Strahlen, so dass die großen schweren Zügel des Körpers in Schach gehalten werden mögen durch eine reine Seele und die ätherischen Strahlen des Vaters."

214

Denn die Heiden haben gesagt: „Alle glänzenden Gaben kommen der Menschheit von Gott, ob er nun etwas Gutes und Glückbringendes geschaffen hat, oder etwas Hervorragendes, oder etwas Liebenswertes. Schöne Gaben von Gott sind Allen bereitet." Und weiter: „Die Macht des unausmessbaren Gottes und seine grenzenlose Stärke üben Einfluss auf alle Dinge, und Er regiert allein über Alles."

215

Das Orakel aber sagt: „Es gibt, entsprechend den Menschen, zwei Dämonen, und von diesen gibt es zwei Rassen. Jene, die über die ewig blühende Erde streifen, sind von der Hoheit des Zeus beauftragt, dem Menschen beizustehen. Denn Zeus ist der Verteiler alles Guten und Üblen. Er ist der Eine, der denen die Länge des Lebens bestimmt, die in diese Welt gebracht werden, und der den sterblichen Körper mit wertlosen wie auch wertvollen Dingen vermischt[110]. Wer immer in seiner Weisheit sich mit diesen Dämonen aussöhnt und weiß, welche Werke jenen gefallen, würde alle andere übertreffen an Verständnis und edlen Taten, würde edle Gaben von einem edlen Spender erhalten und alle gemeinen Dinge fliehen."

216

Weil der Mond, auf eine unmittelbare Weise, den Vorsitz führt über alles Werden und klar alle Dinge hier durch sich selbst regiert, wie die Orakel sagen: „Nymphen der Springquellen und alle Wassergeister; Höhlungen der Erde, der Luft und unterhalb der Solaren Strahlen; männliche und weibliche Mondreiter[111] aller Arten – himmlisch, stellar, und unergründlich."

217

Und es ist klar, dass die Orakel diese Dinge lehren: „Ein süßes Verlangen ergreift alle Seelen, für immer auf dem Olymp zu wohnen als Gefährten der unsterblichen Götter. Aber nicht allen ist es erlaubt, ihren Fuß in diese Hallen zu setzen." Als die Person, die das Orakel empfangen hat, das ihr vollständig überbracht worden war, fragte, wer es denn nun sei, der den Aufstieg zu den Göttern erlangte, und ob es die Person sei, die besonders das Leben eines Opferpriesters bevorzugte, fügte der Gott noch hinzu: „Wer auch immer gedankenvoll seine Absicht auf die Eingeweide heiliger Opfer legte, er ist es nicht, der zum Olymp gehen wird unmittelbar nach der Auflösung des Körpers, indem er sich hoch auf den lichten Schwingen der Seele erhebt, sondern der ist es, der weise ist ....“

218

„Ah! In der Tat! Sie sind in außerordentlicher, nein, in hervorragender Weise die gesegnetsten aller Seelen, die sich vom Himmel auf die Erde ergießen. Aber am meisten gesegnet sind jene, die unaussprechliche Bestimmung besitzen; all jene, Herr, die aus Deiner Strahlung geboren sind und aus Zeus selbst, durch den Faden eines machtvollen Geschicks.“

219

Denn alle Götter sagen, dass sie aus Notwendigkeit gekommen sind, nicht einfach so, sondern – sozusagen – durch die Notwendigkeit einer Überredung[112]. Wir erwähnten früher bereits die Verse der Hekate, mit denen sie angeblich erscheint: „Nach Tagesanbruch, unbegrenzt, angefüllt mit Sternen, verließ ich das große, unbefleckte Haus der Götter und stieg hinab zu der lebenernährenden Erde, auf Dein Ersuchen, und durch die Überredung unsagbarer Worte, mit denen ein sterblicher Mensch Gefallen findet, die Herzen der Unsterblichen zu erfreuen.“

220

Wieder ein anderer Gott, der genötigt wurde, sagte: „Höre mir zu, obgleich ich es nicht wünsche, alldieweil Du mich gebunden hast durch Notwendigkeit."[113]

221

Und noch deutlicher sagt Hekate: „Warum musst Du mich invozieren, vom ewiglich kreisenden Äther herab, mich, die Göttin Hekate, durch Zwang, der die Götter bindet?"

222

Hekate wiederum sagt: „Ich bin gekommen, nachdem ich Dein wortereiches Gebet hörte, das die Natur der Sterblichen erfand, zur Anregung der Götter."

223

Und weiterhin sagt Hekate: „Indem Du sie herunterzogst vom Äther mit unaussprechlichem Zauber, brachtest Du sie leicht auf diese Erde gegen ihren Willen. Aber die Dämonen des mittleren Teils[114] – jene, die auf den mittlersten Stürmen stehen, weit entfernt vom göttlichen Feuer –, diese Dämonen behandelst Du gar schändlich, und sendest sie zu den Sterblichen als prophetische Träume."

224

Dass sogar die Götter selbst Anweisung gegeben haben, wie ihre Statuen gemacht werden sollten und aus welchem Material, geht klar hervor aus Hekates Äußerung zu dieser Frage: „Aber richte meine Statue her, und reinige sie, wie ich Dir Anweisung gebe. Mache eine Form aus wildem Roggen und schmücke sie mit kleinen Tieren, wie etwa Eidechsen, die hier um das Haus leben. Reibe eine Mischung und Myrrhe, Gummi und Weihrauch mit diesen Tieren, und draußen in der frischen Luft unter dem wachsenden Mond, vollende diese Statue selbst, indem Du folgendes Gebet sprichst:"

225

Dass die Götter, die gerufen wurden, sich eilends zurückziehen, wird klar hervorgehen aus Äußerungen wie diesen, wo sie sagen: „Am Ende, löse Dich von dem Gebieter. Der Sterbliche gibt nicht mehr länger Raum für den Gott."

226

Und bezüglich des Königs, Helios, und die Götter an diesem Ort, preisen die Theologen Dionysos als „Genosse des Helios, aufblickend zu dem heiligen himmlischen Pol". Sie preisen den Zeus, Osiris, den Solaren Pan, und die anderen Götter, welche die Bücher der Theologen und Theurgen füllen.[115]

Kommentare

[1] *Jamblichus* aus Chalkis (250-330 n. Chr.), ein Schüler des Porphyrios, begründete in Anatolios den syrischen Zweig des Neuplatonismus, indem er diesen mit pythagoreischer Zahlensymbolik vermengte und zugleich mit Mystischem, Theurgischem anfüllte. Über Plotins Einen, dem Guten setzte er ein noch erhabeneres übergutes Über-Eine. In der Sphäre des Intelligiblen setzte er, darin ganz eindeutig dem Gedankengang der Chaldäischen Orakel folgend, unter dem obersten Geist noch einen Zweiten Intellekt ein; auch schränkte er, ebenfalls im Sinne der Orakel, entgegen Plotin die Seelenwanderung auf den Menschen ein und verwarf die Möglichkeit einer Reinkarnation in Tierkörpern.

[2] Den Theurgen: eine Anspielung auf *Julian den Theurgen*, der wohl das „Medium" war, durch den die Orakel der Götter empfangen wurden.

[3] Ein Intelligibles, griech. νοετον τι: eine Bezugnahme auf den höchsten Gott in der Chaldäischen Hierarchie, auf das oberste Transzendentale Feuer. „Intelligibel" bedeutet nicht so viel wie „verstandesmäßig". Unter der intelligiblen Welt versteht man seit Philo von Alexandrien die nur geistig erschaubare Welt der Ideen. Kant versteht darunter die Welt des Seienden an sich, die unerkennbar,

Seite 76

weil unerfahrbar sei, auf die sich aber das Sittliche des Menschen beziehe.

[4] Die „Blume des Geistes" ist das verborgene, dem Menschen einwohnende, der feurigen Essenz des höchsten Gottes wesensverwandte Erkenntnisorgan des Menschen, das ihn instand setzt, mit der intelligiblen Welt in Verbindung und Einheit zu treten. Es ist daher eine feurige Blume des Geistes; sie wird auch die „Flamme des Geistes" genannt. Das Grundprinzip des Neuplatonismus, dass Gleiches nur Gleiches erkennen kann, tritt auch hier zutage.

[5] Die „intelligiblen Teilungen" sind das Chaldäische Äquivalent zu den Platonischen „Ideen". Sie werden mit feurigen Blitzstrahlen verglichen, die als Ausdifferenzierungen des Einen Geistes in die Räume der empyreischen Welt geschleudert werden, wo sie zu weltenbildenden Urmächten werden. Der Schoß Hekates empfängt diese Ideen und formt nach ihrem Vorbild die Gestalten der raumzeitlichen Welt.

[6] Der Term „schreiendes Licht" bezieht sich möglicherweise auf das tönende Licht der sich drehenden Planetensphären. Die „dreifach gezahnte Stärke" ist eine Anspielung auf die Triade als das Urbild alles Seienden. Die „empyreischen Kanäle" sind die mystischen Strahlen der Transzendentalen Sonne, auf denen der Eingeweihte emporsteigt.

7 Der „Vater" ist die übliche Bezeichnung des Mittelplatonismus für Gott, mit der die Neuplatoniker allerdings zunehmend Schwierigkeiten hatten. Dass der Vater sich „hinwegriss" deutet die grundsätzliche ontologische Trennung an, die das oberste göttliche Prinzip in ein Reich absoluter Transzendenz verweist und mit der übrigen Schöpfung in ein nur indirektes Verhältnis treten lässt. Die „intelligible Macht" des Vaters ist nicht der Vater selbst, sondern ein unabhängig von ihm existierendes göttliches Prinzip, ein sekundäres Göttliches, das eine vermittelnde Funktion gegenüber dem Zweiten Geist ausübt.

8 Diese „Macht", griech. δύναμις, ist die zweite schöpferische Potenz Gottes; daher wird ihr der „mittlere Platz" zugeschrieben; wir können also auf Grund dieses Orakels die Vorstellung eines obersten triadischen Gottes gewinnen, bestehend aus Vater-Macht-Geist.

9 Mit dem Term „Baumeister des feurigen Kosmos", τεχνιτεσ κοσμου πυριου, wird dem Geist die Qualität des Demiurgen zugesprochen. Seine Aufgabe besteht vor allem darin, die Intelligible oder Empyreische Welt zu erbilden.

10 Die Dyade neben dem Einen bezieht sich auf die beiden anderen triadischen Glieder „Macht" und „Geist". Sie könnte sich auch auf die Macht allein

beziehen, sofern diese als in sich dual gedacht wird.

[11] Man vergleiche dieses Fragment mit der Weltfeuerlehre Heraklits, aber auch mit der iranisch-zarathustrischen Vorstellung vom schöpferischen Weltenfeuer *zervana akarana*. Auch an einen Hintergrund der syrischen Sonnen-Theologie von Emesa darf wohl gedacht werden; allenthalben liegen hier deutlich erkennbar orientalische Einflüsse vor.

[12] Die drei „wesenhaften Naturen" sind drei Triaden, die sich unterhalb der obersten göttlichen Triade in der Intelligiblen Welt befinden. Es werden hier aber nicht alle drei Glieder dieser Triade genannt, sondern nur das oberste, das als „das Gute begreifend" gekennzeichnet wird.

[13] Das „Ewige" ist der *Aion*, das Überzeitliche, das Zeitlos-Ewige, möglicherweise das oberste Glied in der Triade der Intelligiblen Welt. Der *Aion* wird hier als der Ort gesehen, der Bewegung erschafft.

[14] Mit den Göttern sind die intelligiblen Götter gemeint, nicht die der ätherischen oder physischen Ebene. Die Mahnung „Ernüchtert Euch!" kommt auch im Corpus Hermeticum vor.

[15] Der „transzendentale Ort" ist die Intelligible oder Empyreische Welt. Sie ist ganz in das ewige intelligible Schweigen Gottes eingehüllt.

[16] Der „Väterliche Abgrund" ist eine Umschreibung des höchsten Transzendenten Gottes. Auch in einigen gnostischen Systemen kommt der Term „Tiefe, Bythos" vor. Man kann sich das System der Chaldäischen Orakel als drei konzentrische Kreise vorstellen, in deren Mittelpunkt sich die namenlose Tiefe, der Väterliche Abgrund, befindet.

[17] Dass der Vater „Alles" ist, aber rein intelligibel, weist auf einen vergeistigten Pantheismus hin. Gott ist Alles, aber nicht materiell, sondern geistig.

[18] Hier wird noch einmal das Prinzip der triadischen Aufteilung betont.

[19] Es ist hier das mittlere Glied der empyreischen oder intelligiblen Triade gemeint, nicht das in Fragment 8 angesprochene Mittlere Göttliche. Aber wie dieses ist auch das hier gemeinte Mittlere dualer Natur. Der Ausdruck „teletarchisch" bezieht sich auf die Göttergruppe der Teletarchen.

[20] Demnach steht Gott als der Eine noch vor und über der obersten göttliche Triade; er ist die Monade, die aller Triade zugrunde liegt. Die Zahlensymbolik ist unübersehbar. Man fühlt sich an das Weltsystem der Kabbala erinnert mit seinen triadischen Sephiroth-Ordnungen. Wichtig ist der Satz, dass in *jeder* Welt eine Triade leuchtet, also auch in der ätherischen und in der materiellen Welt.

[21] Mit „dieser" Triade ist die Triade der Empyreischen Welt gemeint.

[22] Vom dritten Glied der Intelligiblen Triade ist hier die Rede; es entspricht genau dem dritten Teil der Göttlichen Triade, dem Zweiten Geist, und ist wie dieser ein feuriger Baumeister. Er verteilt das lebenspendende Feuer und füllt die Gebärmutter der Hekate – ein Metapher für die Weltseele – damit an.

[23] Der „dahinjagende Blitzstrahl" ist eine Anspielung auf die die intelligiblen oder noetischen Ideen, die wie Blitze dem Vater-Intellekt entspringen. Die Vision geht wohl auf das Bild des blitzeschleudernden Zeus zurück. Die „Höhlungen der Welt" könnten die planetarischen Sphären sein; auch Platons Höhlengleichnis steht im Hintergrund.

[24] Möglicherweise sind damit die Fixsterne gemeint.

[25] Die Sprecherin dieses Orakeltextes ist offensichtlich Hekate; und „mein Feuer" ist das Weltseelenfeuer der Hekate, das aus den primordialen Ideen des Vater-Geistes stammt.

[26] Das „Band der Liebe", personifiziert als Gott *Eros*, wird hier als die große weltvereinigende Macht gesehen.

27 Die Anfangsgründe, αρχασ, sind die weltformenden Ideen im Zweiten Geist, im Intellekt des Demiurgen.

28 Hier wird auf die Liebe Bezug genommen, auf Eros, dem ersten Ausfluss der Vater-Monade, der selbst den Ideen noch voransteht, da seine Bindungsqualität ein wesentlicher Bestandteil der Ideen ist. Hier haben wir ein quasi-mythologisches Bild vor uns, das zeigt, wie Eros aktiv an den Ideen arbeitet, indem er sie „mischt" (nämlich die beiden „Quellbecher", seinen eigenen und den der Vater-Monade).

29 Die Vorstellung von einem „Seelenfunken", der dem Göttlichen ähnelt, ist in der platonischen Tradition allgegenwärtig. Im chaldäischen System entspricht der „Funke der Seele" dem „Feuer / der Flamme des Geistes". Der Funke gibt der menschlichen Seele unsterbliches Leben, den Intellekt, die Fähigkeit, göttliche Dinge zu denken, den Willen, die Entscheidung, auf die Erde hinabzusteigen und von dort ins Reich der geistigen Wesenheiten zurückzukehren; schließlich hält Eros, der die Teile der Seele zusammenhält, die Sehnsucht nach dem Göttlichen am Leben.

30 Das Bild will besagen, dass die Seele unter dem Einfluss böser Dämonen durch körperliche Leidenschaften „erstickt" wird: die „wahre Liebe" gehört allein der intelligiblen Welt an.

Seite 82

[31] Dese Triade beinhaltet die drei Haupttugenden des Chaldäischen Systems. Sie entsprechen den *Teletarchen* der drei Welten: Glaube dem der Materiellen Welt, Wahrheit dem der Ätherischen Welt, Liebe dem des Empyreums. In dieser Funktion helfen sie auch der Seele beim Aufstieg in die höheren Welten.

[32] Als vierte Tugend kommt die *Hoffnung* hinzu. Sie hat auch eine eschatologische Bedeutung: denn der Aspirant auf die Weihen hofft auf ein besseres Leben in der Höheren Welt. Als kosmische Tugend geht die Hoffnung aus dem Urfeuer der Vater-Monade hervor.

[33] *Aion*, der Regent des Empyreums, hat demnach die Aufgabe, als Bewegungs-Impuls des Höchsten Gottes zu fungieren. Er ist es, der die Ideen der Vatergeist-Monade aufgreift und im gesamten Universum verteilt.

[34] Hekate, die Weltseele, ist aus einem Zentrum hervorgegangen, das sich in der Mitte zwischen dem göttlichen Vatergeist und dem Demiurgischen Geist befindet, also aus der Mitte zwischen dem 1. und dem 3. Aspekt der Triade.

[35] Auch hier ist vom Wirken Hekates die Rede, die mit ihrem primärgeschaffenen Seelenstrom alle Elemente der physischen Welt durchseelt.

36 Hekate wird als ein zweipoliges Wesen gedacht: aus ihrer rechten Seite ergießt sich ein Seelenstrom in die Schöpfung; in der linken Seite wohnt eine Tugend, die ganz bei sich bleibt, unbefleckt von der Materie. Hekate hat also die Doppelnatur von Mutter und Jungfrau.

37 Es ist wiederum Hekate, die hier spricht. Die „Glut", mit der sie das All belebt, ist das Transzendentale Feuer Gottes.

38 Mit den „Theologen" sind die Theurgen, Vater und Sohn Julian, gemeint.

39 Die „schöpferische Göttin" ist hier natürlich wieder Hekate.

40 *Rhea*, die Göttin, aus der alles fließt (von „*rheo*"), ist nur ein Äquivalent für Hekate.

41 Die 7 Firmamente sind die 7 planetarischen Sphären, ja die 7 Weltebenen überhaupt. Der „Vater" ist in diesem Zusammenhang der 2. Gott, der Demiurgische Geist.

42 Nach der Chaldäischen Theologie steht die Sonne im Zentrum der 7 planetarischen Sphären: *die Geistige Ur- und Zentralsonne*. Dass die Sonne „auf der Seite des Herzens" eingerichtet ist, bedeutet, dass sie sich im Mittelpunkt befindet.

[43] Der Mond, und zwar der Geistige Mond, ist der Wohnort der Hekate, der Weltseele. Diese bleibt dem Solaren Feuer untergeordnet, da sie aus diesem erst ihre ganze Energie bezieht, die sie dann an das Universum verteilt.

[44] Mit anderen Worten, die körperliche Welt der vier Elemente ist ganz real, nicht bloß eine trügerische Illusion (vgl. die „Schleier der Maya" in der indischen Kosmologie).

[45] Nach der Chaldäischen Lehre hält die Sonne (= Apollon) die Sphären mit ihren transzendentalen Strahlen zusammen und garantiert so den harmonischen Umlauf der planetarischen Welten.

[46] Vgl. Platon, *Nomoi* (Die Gesetze) 796 C, wo die Beschreibung der von Kopf bis Fuß Gerüsteten sich auf Athena bezieht: „Auch die ‚Große Jungfrau‘ Athene bei uns…glaubte…im Schmuck der vollen Waffenrüstung den Tanz vollführen zu müssen." „Denn ich, die Göttliche" ist Hekate, die offenbar herbeigerufen wurde.

[47] Die „drei Väter" sind die drei *Teletarchen*, die dem Empyreum, dem Ätherium und der Materiellen Welt als regierende Geister vorstehen.

[48] Die *Iyngen*, da dem Geist der Vater-Monade entsprungen, sind selber noetische Wesen. Sie sind gleichsam die „Ideen Gottes".

⁴⁹ Diese „verbindenden Geister" sind sozusagen die Strahlen der Transzendentalen Sonne.

⁵⁰ Die Intelligiblen Blitzstrahlen sind wiederum die „Vereiniger" oder „verbindenden Geister".

⁵¹ Der „Erste Vereiniger" ist der der oberste Teletarch, Aion oder die Transzendentale Sonne, der Regent der Empyreischen Welt.

⁵² In den Fragmenten 88 bis 93 geht es um die Dämonen, die als die Beherrscher der materiellen Welt gesehen werden. Sie sind rein chthonische Wesen, sozusagen Elementargeister.

⁵³ In der Antike wurden Hunde meist mit der Göttin Hekate in Verbindung gebracht. Als Regentin der Weltseele und der ätherischen Welt ist Hekate auch Herrin der Dämonen.

⁵⁴ Vgl. Platon, *Timaios* 30 b 4, wo es heißt: „Von diesem Schlusse bewogen, verlieh er (…) dem Körper die Seele und gestaltete daraus das Weltall".

⁵⁵ Nach Platon, *Timaios* 36 b-c, hat die Weltseele die Form eines *Chi* (entspricht dem Buchstaben X), und die Seelen, da der Weltseele nachgebildet, tragen in sich dasselbe Signum.

⁵⁶ Für „Gebärmütter" steht im Original der Term *pleromata*. Unter *pleroma* verstand man im Kontext

Seite 86

der Gnosis die „Fülle" der höheren geistig-göttlichen Welten. Es sind also die sieben höheren Welt-Ebenen gemeint. Die „Seele" ist hier die allgemeine Weltseele.

57 Hier wird das Einswerden der Seele mit dem Göttlichen thematisiert. Bei den „Flügeln" der Seele denkt man doch gleich an Platons Bild des „Seelengefieders" (siehe *Phaidros* 246 d: „Die Kraft des Gefieders besteht darin, das Schwere emporhebend hinaufzuführen, wo das Geschlecht der Götter wohnt.").

58 Es werden einige Formen des Orakels genannt, die (nach Meinung des Verfassers) zugunsten der Theurgie zu verwerfen sind.

59 Die in den Kosmos eingesäten „Symbole (die auch als die „intelligiblen Dinge" bezeichnet werden) sind die platonischen Ideen („unaussprechliche Schönheiten").

60 Die Vergesslichkeit ist ein Zustand, der sich aus der leiblichen Inkarnation ergibt. Die Seele vergisst ihren Ursprung in der geistig-göttlichen Welt. Aus dieser Seins-Vergessenheit soll sie sich erheben und ein „Wort" aussprechen, nämlich eines, das magisch-rituellen Charakter hat und Erlösung bringt. Dies ist dann der Weg des Theurgen.

[61] Der „Kanal der Seele" ist einer der Strahlen der Transzendentalen Sonne, auf dem der Mensch in die Erdenwelt hinabsteigt und dann, als Eingeweihter, wieder hochsteigt, zurück zu seinem wahren transzendentalen Ursprung.

[62] Die intelligible Seele rotiert um die geistige Ur- und Zentralsonne; insofern gleicht sie einem Rad. Der Term „schreiendes Licht" ist eine Andeutung der Sphärenmusik, des lauten, schrillen Geräusches, das sie Sonne bei ihrem Umlauf macht.

[63] Hier liegt auch ein Wortspiel vor; denn „Prometheus" heißt ja wörtlich übersetzt „der Vorausdenkende". Auch gilt Prometheus als der Ahnherr des Menschengeschlechts.

[64] Der Ausdruck „dem Licht entgegen eilen" ist ein Anklang an Platon. Vgl. die folgende Stelle aus dem *Theaitetos* (176, a-b): „Das Böse, o Theodoros, kann weder ausgerottet werden (...) noch auch bei den Göttern seinen Sitz haben. Unter der sterblichen Natur aber und in dieser Gegend zieht es umher jener Notwendigkeit gemäß. *Deshalb muss man auch trachten, von hier dorthin zu entfliehen aufs schleunigste*"

[65] Als „Vehikel" oder „Fahrzeuge" (griech. *ochema* bzw. *ochemata* im Plural) bezeichnete man in der Tradition der neuplatonischen Mystik die okkulten

Zusatzkörper des Menschen, die wie Hüllen die Seele schichtenweise umgeben.

66 „Hauch" und „Atem" ist ein Synonym für das transzendentale Feuer.

67 Es geht also darum, den „Hauch" des transzendentalen Feuers „einzuatmen". Es kann aber auch eine Anspielung auf eine physische Atemtechnik sein, die der Beherrschung der Sinne gilt, wie man sie etwa im indischen Yoga kennt.

68 Das „Zweite Transzendente" ist der Zweite Gott oder der Demiurg; die „Lichter" die er sät, sind die „Ideen" (im platonischen Sinne).

69 Auch dies ist eine Anspielung auf Platon. Die „Zügel des Feuers" setzen das Bild des Seelenwagens voraus. Im *Phaidros* vergleicht Platon die Seele mit der „zusammengewachsenen Kraft eines gefiederten Gespanns und seines Wagenlenkers" (146 a). Der Seelenwagen hat nach Platon zwei Rosse und einen Wagenlenker, die alle zusammen die drei Teile der Seele symbolisieren.

70 Gemeint ist ein Schutz des Körpers vor Krankheit und dämonischer Infiltrierung, nicht aber eine körperliche Auferstehung im Sinne der judäochristlichen Tradition. Das „strömende" ist ein Aspekt der Materie.

71 Paian, griechisch Παιάν, auch Paean, war ursprünglich ein eigenständiger Gott der Heilkunst; später wurde er ein Beiname von Asclepios.

72 Das Schweigegebot galt in der Antike für alle Mysterienkulte. Auch in der Hermetik und in den Schulen der Gnosis wurde das Schweigen des Mysten gefordert.

73 Solche „Besprühungen" mit Wasser zum Zwecke der Reinigung mögen ein Äquivalent zur christlichen *Taufe* gewesen sein.

74 Der erlöste Theurg gehört zwar schon selbst der Engelordnung an, kann sich jedoch freiwillig auf Erden inkarnieren, um der noch unerlösten Rest-Menschheit beim Aufstieg zu helfen. Dies entspricht im Buddhismus dem Konzept der *Boddhisatvas* (freiwillig inkarnierte Helferwesen).

75 Das „Binden" und „Lösen" war ein Bestandteil magisch-theurgischer Praxis. Der Vers will sagen: Der Gott wird aus dem Bann des Theurgen „gelöst" wenn eben jener sich „jenem Ort", also der Materie, zu sehr zuneigt.

76 Der Vers will besagen, dass die Götter, obwohl unkörperlich, die Form menschlicher Körper annehmen, wenn sie sich den Menschen zeigen. Dies tun sie nur um der Menschen willen.

Seite 90

[77] Nach Simplicius (468 bis 483 Patriarch von Rom und Papst) bezieht sich „in diesem Licht" auf das oberhalb des Empyreums gelegene Licht der Vater-Monade.

[78] Hier werden Visionen geschildert, die bei der Invokation einer Gottheit, vielleicht der Hekate, auftreten.

[79] Es ist wiederum Hekate, die hier spricht. Der Löwe ist im Altertum oft das Kult- und Totemtier der Großen Göttin gewesen.

[80] Hier schwingt die Überzeugung mit, dass den Namen der Götter eine unmittelbare mystische Kraft innewohne.

[81] Möglicherweise ist hier von Selbstmördern die Rede.

[82] *Plotin* hat in *Enneade* III.4.2 behauptet, dass gefallene Seelen, die das Geistige verfehlt haben, durchaus in Tier- oder Pflanzenkörper eingehen können. Dies entspricht hinduistischem Volksglauben. Die Orakel weisen diesen Glauben zurück, da sie den grundlegenden Unterschied zwischen der Menschen- und der Tierseele erkennen.

[83] In diesem Zusammenhang verweist man auf das „Heulen" der Rachegeister (Erinnyen) z. B. etwa bei Euripides, *Iphigenia Taurica*, 293. Man glaubte,

dass die Rache bis in die Zeit der Kinder und Enkel währt. „Aber in der Unterwelt müssen wir für unsere Vergehen büßen, wir selber oder unsere Kinder und Enkel!" (Platon, *Politeia* II 366a).

84 Mit dem „Treppenhaus der sieben Stufen" sind sie sieben Planeten-Sphären gemeint. Der „Absturz", der unter der Erde liegt, ist der Tartarus (die Unterwelt).

85 Das „dreiflügelige Prinzip" ist eine Anspielung auf die zentrale Position der Sonne (Apollon), die sich in der Mitte befindet und links und rechts von je drei Planeten umgeben ist.

86 Im Altertum hat man Erdbeben auf unterirische Winde zurückgeführt. Apokalyptische Erwartungen sind in diesem Fragment deutlich spürbar.

87 Aphrodite wird hier als die Weltseele gesehen und somit mit Hekate gleichgesetzt. Es gab im Altertum auch eine *Aphrodite Urania*, als eine himmlische und sternenhafte Aphrodite. Auch genoss sie in Syrien als *Dea Syria*, mit Astarte gleichgesetzt, hohes Ansehen.

88 Von der Weltseele ist hier nochmals die Rede; sie ist der Quell aller Bewegung. Schon Platon hat ja das Sich-selbst-Bewegende als Seele identifiziert (vgl. *Phaidros* 245 c).

Seite 92

[89] Die Formulierung: „die Füße unter die Schritte werfen" soll wohl besagen, dass man nicht, vor allem im Orakelwesen, den konventionellen Anschauungen folgen sollte.

[90] Die ursprüngliche „Teilung" ist die Aufteilung der Welt in Triaden; der Anfang dieser triadischen Aufteilung liegt in der Intelligiblen Welt.

[91] Man vgl. damit den Ausspruch des Philosophen Demokrit: „In Wirklichkeit wissen wir nichts; denn die Wahrheit liegt in der Tiefe" (Fragment 19 bei W. Nestle, Die Vorsokratiker).

[92] Der „Solare Kosmos" ist hier die physische Sonne, die „ätherische Tiefe", der sie zu Diensten steht, ist die materielle Welt.

[93] Diese „wahrere" Sonne ist die transzendentale Sonne, die in ihrer Eigenschaft als Aion auch als Zeitgott fungiert.

[94] Das „Fahrzeug" bedeutet hier wie üblich den Körper des Menschen, nicht nur den physischen, sondern auch den ätherischen. Dieser ist ein „eilendes" Fahrzeug, da er sich im Strom der Vergessenheit bewegt.

[95] Die Seele ist ein Mikrokosmos; sie enthält alle Prinzipien, die im Weltall walten. Dieselbe Ansicht findet sich im Corpus Hermeticum.

[96] Die Eigenschaft der „Nichtalterung“ kommt allein dem Aion zu, das sich ja jenseits aller Zeit befindet und selber die Quelle aller Zeit ist. Als „Theologen“ wurden die Anhänger des Orpheus bezeichnet.

[97] Hier werden die Namen von Göttern genannt, die allesamt der Hierarchie chaldäischer Geistwesen angehören.

[98] Von Hekate, der Weltseele, ist hier wiederum die Rede: sie hat mehrere Gesichter, mindestens zwei, eines blickt in die Intelligible Welt, das andere in die materielle Welt. Als die große Vermittlerin enthält sie das „Zentrum der Verarbeitung aller Dinge“, genauer, sie *ist* dieses Zentrum.

[99] Der Ausdruck „göttlicher Wahnsinn“ geht auf Platon zurück. Er versteht darunter eine Art Ekstase, die zum Dichten und Wahrsagen beflügelt. In *Phaidros* 244 a sagt er: „…. nun aber entstehen uns die größten Güter aus einem Wahnsinn, der jedoch durch göttliche Gunst verliehen wird. Denn die Prophetinnen zu Delphi und die Priesterinnen zu Dodone haben im Wahnsinn vieles Gute in privaten und öffentlichen Angelegenheiten unserer Hellas zugewendet …“

[100] Hier ist von zwei Zeitgöttern die Rede: *Aion* als der, der über den Zonen steht, damit auch über der

Zeit an sich, und *Chronos*, der verbunden mit den Zonen (= Sphären) die Zeit selbst ist.

101 Die „verborgene Ordnung" ist der „Väterliche Abgrund" als Umschreibung des höchsten Transzendentalen Gottes. Vgl. Anm. 16.

102 Die „Fahrzeuge" der Seelen sind, wie schon erwähnt, ihre dichtstofflichen Körper.

103 Der „für alle geöffnete Hof" bedeutet die noetische Wohnstatt Gott-Vaters. Der Ausdruck geht auf Homer zurück; dieser spricht vom „Hof des olympischen Gottes" (*Odyssee* 4,74).

104 Unter „*Firmamenten*" (wörtlich: Befestigungsmitteln, von lateinisch *firmus*, fest) versteht man hier die höheren Seins-Ebenen der chaldäischen Kosmologie: 1. das Empyreum (die geistig-göttliche Welt, 2. das Ätherium (die Weltseele oder Astralebene) und 3. die materielle Welt.

105 Nach Psellus war das „magische Rad" der Hekate eine goldene Scheibe, die mit Saphiren und magischen Inschriften versehen war. Durch Drehen des Rades sollte per Analogiezauber die Umdrehung der himmlischen Sphären imitiert werden.

106 Konjunktionen, in der Grammatik Bindewörter, sind in diesem Zusammenhang „verbindende"

Gebete, die eine Einheit des Theurgen mit dem von ihm angerufenen Gott herstellen sollen.

107 Der *Chalkis* kommt bei Homer vor („von Göttern Schmiedevogel genannt und Habicht der Nacht von den Menschen", *Ilias* 14, 291); es kann sich aber auch um ein Blasinstrument aus Messing handeln, das evtl. bei Ritten benutzt wurde.

108 Die *Malwe* ist eine Pflanze mit reinigender, übrigens auch abführender Wirkung. Bei den chaldäischen Theurgen gab es offenbar Speise- (und wohl auch Hygiene-)Vorschriften für jeden Monat. Vgl. auch das folgende Fragment.

109 Diese „Hände" sind demiurgische Mächte, die dem weltenschaffenden Logos (dem Zweiten Gott) zu Verfügung stehen; vgl. auch Fragment 68, wo gesagt wird, dass der Schöpfer „mit seinen eigenen Händen" das All erbildet habe.

110 Die literarische Vorlage ist offensichtlich Homer: „Zwei Gefäße sind aufgestellt im Saale Kronions, voll mit Gaben: mit bösen das eine, das andre mit guten. Wem sie zusammengemischt nun Zeus, der blitzende, sendet, dem wird einmal das Böse zuteil und ein andermal Gutes." (*Ilias*, 14, 527-30)

Seite 96

[111] „Mondreiter" ist ein anderes Wort für „Dämonen". Hier sind Naturgeister gemeint, die man unter der Herrschaft des Mondes dachte.

[112] Hier kommt offenbar bei der theurgischen Praxis ein Element der Nötigung ins Spiel.

[113] Es ist wahrscheinlich Apollon, der hier spricht.

[114] Die „Dämonen des mittleren Teils" sind Luftgeister. Von diesen glaubte man auch, dass sie prophetische Träume senden.

[115] Nach Psellos sind diese Götter Serapis, Dionysos, Osiris und Apollon (Helios).

Aion – Hekate – Hades
Das Weltsystem der
Chaldäischen Orakel

Im Weltsystem der Chaldäischen Orakel finden wir alles in Triaden, in Dreiergruppen, geordnet, das höchste Göttliche, das Weltganze und schließlich den Menschen. Die göttliche Triade besteht aus 1. der Vater-Monade, 2. dem Demiurgen, der als der Baumeister der Schöpfung in Erscheinung tritt, und 3. der zwischen beiden vermittelnden Kraft, der Dynamis.

Nach dem bekannten Analogie-Satz „Wie oben, so unten" ist die geschaffene Welt ein Abbild dieses oberen dreieinigen Göttlichen. Sie besteht demzufolge aus den drei Welten: *Empyreum* (die geistig-göttliche Welt), *Ätherium* (die Weltseele oder die Astralebene) und *Hyleum* (die materielle Welt). Die materielle Welt wäre demnach nur das Abbild vom Abbild, eine unbedeutende, niedere, schattenhafte Welt, weit entfernt vom göttlichen Ursprung. Und diesen drei Welten stehen nun drei machtvolle Gottheiten vor: *Aion, Hekate, Hades*.

Mit Recht kann man sie als die drei Hauptgottheiten der Chaldäischen Orakel bezeichnen. Sie stehen den drei Hauptabteilungen der geschaffenen Welt vor, unterstützt von Wächterwesen, die man als *Teletarchen* bezeichnet, sowie von zahlreichen Engelhierarchien und – auf der untersten

Ebene – von einer Heerschar chthonischer Dämonen. Was sind das nun für drei Hauptgottheiten? Ihre Namen sind offensichtlich der griechischen Mythologie entlehnt, doch ihnen wird eine andere, eher gnostische Bedeutung gegeben. Und vergessen wir nicht, dass diese drei Götter von den theurgischen Priestern stets mit besonderen Ritualen angerufen und herbeizitiert wurden.

Beginnen wir zunächst mit *Aion*. Er ist der Beherrscher des *Empyreums*, des Feuerhimmels. Dieser galt in der Kosmologie des Mittelalters als der höchste Teil des Himmels und Wohnort der Seligen (vom altgriechischen ἔμπυρος, „im Feuer befindlich"). In seiner *Göttlichen Komödie* durchwandert Dante mit Beatrice die Gefilde des Empyreums. Alles ist dort, so beschreibt er es, mit Licht und schöpferischem Feuer erfüllt.

Aion bedeutet wörtlich unendliche Zeit, Ewigkeit, das Ewigwährende – der überweltliche, zeitfreie, mystische Raum, dem alle Zeit entspringt. Personifiziert war Aion ein ursprünglich persischer Ewigkeitsgott, nämlich *Zervan* (zervana akarana – grenzenlose Zeit), der in die spätantike hellenistische Welt eingedrungen ist. In Alexandria gab es seit Gründung der Stadt einen Kult des Aion, dessen Geburtstag am 6. Januar, dem Epiphanias-Fest im Christentum gefeiert wurde. In mehreren Zauberpapyri wird ein Gott mit Löwenkopf erwähnt, um dessen Leib sich eine Schlange windet; er heißt dort Aion und wird „Gott der Götter" und „grenzenlos" genannt. Die als Gott personifizierte Ewigkeit kannte auch der Mithraskult; in vielen Mithras-Heiligtümern findet sich seine Darstellung. Im Corpus Hermeticum wird Aion nicht als Gott, sondern eher abstrakt als eine eigene Seinsstufe gesehen, die sich zwischen Gott und dem Kosmos befindet. Es gibt auch viele bildliche Darstellungen des Aion aus der Spätantike.

Nach Aussage der Chaldäischen Orakel besitzt Aion „die Macht, den Väterlichen Geist zu erkennen, allen Quellgründen Geist einzupflanzen, sie umherzuwirbeln und in endloser Bewegung zu halten" (49). Er ist es, der „die Blume des Feuers von der Stärke des Vaters pflückt" (ebd.), das heißt, er erhält vom Vatergeist die Macht des transzendentalen Feuers, die er verwaltet, verteilt, „umherwirbelt" und damit alles im Universum in Bewegung hält. So kann man Aion als die transzendentale Sonne bezeichnen, als die Ursonne oder das Zentralfeuer der Pythagoräer.

Die Göttin *Hekate* wacht nun über die Weltseele, die eine kosmisch-astrale Zwischenebene darstellt. Hekate hat in der Sicht der chaldäischen Theurgen eine andere Gestalt angenommen als in der griechischen Volksreligion. Dort gab es die *stygische Hekate* als eine Erscheinungsform der Dunklen Urmutter, die für alles Unheimlich-Dämonische zuständig war. Eine Unterweltsgöttin, galt sie als die Herrin der Seelen, die den Leib verlassen, aber auch derjenigen, die im Begriff sind, sich zu verkörpern. Als gespenstische Erscheinung fährt sie nachts mit den Seelen in einer *wilden Jagd* durch die Luft; zu ihrem Schwarm gehören vor allem die Seelen der Unbeerdigten, der gewaltsam und vor der Zeit Getöteten. Dämonische Hunde begleiten sie auf ihrem Zuge, sie begegnet einem oft an Kreuzwegen, ruft zuweilen auch angstvolle Träume und Alpdrücken hervor.

Nicht ganz so dämonisch tritt Hekate in den Chaldäischen Orakeln auf, doch allenthalben trägt sie auch hier die Züge einer Großen Muttergöttin; denn sie regiert ja über die Weltseele und ihr Wahrzeichen ist der Mond. Ähnlich wie Aion gehört sie zu den vermittelnden Wesen: sie empfängt die schöpferisch-beseelenden Kräfte aus den höheren göttlichen Ebenen und gibt sie an die unter ihr liegende Schöpfung weiter. So ist Hekate eine Gebärmutter, die vom Demiurgen die Samen göttlichen Feuers erhält, eine gigantische kosmische Matrix, die „Quelle der Natur" (54) und „die Seele, die mit Glut das All belebt"(53).

Die Dämonen, die in der materiellen Welt leben, unterstehen der Mondgöttin Hekate. Sie werden gesehen als „chthonische Hunde", sind im Grunde genommen aber nur Elementarwesen und Naturgeister, die gewissermaßen die unsichtbare und okkulte Seite der Natur darstellen. Solche Wesen sind eigentlich gar nicht bösartig, außer dass sie den Menschen vielleicht allzu sehr an die Naturwelten binden und ihn so hindern, zum transzendentalen Licht aufzusteigen.

In dieselbe Richtung geht der dritte Hauptgott des chaldäischen Systems, Hades. Auch bekannt unter dem Namen *Aides* (Ἅιδης), oder als Langform *Aidoneus* (Ἀϊδωνεύς), war er ursprünglich der Unterweltsgott; sein Name bedeutet „der Unsichtbare". Denn er ist der Gott der Schatten, der Tiefe, des Dunklen, Untergründigen. Er steht aber auch für die Wachstumskräfte der Natur, für Fruchtbarkeit, für die Schätze der Erdentiefe. Mit dem Gott des Reichtums Pluton (Πλούτων) wurde er identifiziert. Und das macht ihn zum Beherrscher des *Hyleum*, der materiellen Welt.

Der Weg des chaldäischen Theurgen besteht nun darin, sich von der Herrschaft dieser niederen Weltmächte loszusagen und auf den Strahlen des transzendentalen Lichts hochzusteigen zu Aion, ins Lichtreich *Empyreum*, und selbst von dort noch weiter aufwärts in die Region der höchsten göttlichen Triade – des dreieinigen Gottes.

Die Monade, das Urprinzip
oder das Unteilbar-Eine

Da in den Chaldäischen Orakeln Gott als das oberste Weltprinzip häufig als die Vater-Monade oder triadische Monade bezeichnet wird, mag es angebracht sein, den Begriff der Monade mit mehr Inhalt zu füllen und aufzuzeigen, welche Rolle er in der abendländischen Geistesgeschichte gespielt hat.

Zunächst einmal bedeutet *Monade* (von altgriechisch μονάς, „Einheit, Einfachheit") das Unteilbar-Eine. Man kann es auch als den göttlichen Funken bezeichnen. In der Geschichte der Philosophie wurden unterschiedliche Bedeutungen dieses Begriffs entwickelt; sie beginnen bei den Pythagoreern und entfalten sich insbesondere im Neuplatonismus, in der christlichen Mystik, in der jüdischen Kabbala sowie in der hermetischen Tradition. Schon die Kosmologie des Alten Indien, in den Veden etwa, stellte die Frage nach dem Einen als dem Ursprung allen Seins. Für Mystiker wie Plotin war Einheit oder das Eine die einzig mögliche Bestimmung des Göttlichen, das ansonsten ein unerklärbares Mysterium blieb.

Es war der große deutsche Barock-Philosoph Gottfried Wilhelm Leibniz (1646–1716), der den Begriff der Monade erstmals in die abendländische Philosophie einführte. Er verwendete ihn mindestens seit 1696; wir finden ihn in Ansätzen aber schon 1591 bei Giordano Bruno und 1685 bei Mercurius van Helmont, dem gelehrten Alchemisten, der Leibniz in die Geheimnisse der jüdischen Mystik – der Kabbala – einführte. Die Kabbala ist ja bekanntlich eine jüdische Einweihungslehre, die sich in der Spätantike in enger Nachbarschaft zur neuplatonischen Mystik herausgebildet hat.

Giordano Bruno (1548–1600), der große pantheistisch denkende Renaissance-Philosoph, von der Hermetik und der kabbalistischen Sephirothlehre maßgeblich beeinflusst, hat im Jahre 1591 eine Schrift *Über die Monade, die Zahl und die Figur* (*De monade numero et figura*) veröffentlicht. Dort versucht er, alle Vielheit des Seins aus der Eins herzuleiten, die er die *Monas* nennt. Er schreibt: „Das erste Prinzip für alles Hervorgehende ist eines. Die erste Ursache für jede Wirkung ist eine. Eines ist das Element für alles Zusammengesetzte. (...) Das erste Prinzip und die erste Substanz ist die *Monas*, sie ist ein Wahres, Ganzes und Existierendes, auf Grund dessen alles wahr ist und eines."[5]

Eine konsequente Weiterentwicklung des hier Dargestellten findet sich in der von Gottfried Wilhelm Leibniz entwickelten Monadologie. Leibniz lehrte, dass es im Universum eine Vielzahl von individuellen göttlichen Bewusstseinsfunken gäbe. Zur Bezeichnung dieser Funken gebrauchte er das

---

[5] Giordano Bruno, ausgew. und vorgestellt von Elisabeth von Samsonov, München 1995, S. 348, 365.

Wort Monade, worunter er die einfachen usprüng-lichen Substanzen allen Seins verstand. Insofern kann die Monadenlehre als eine spirituelle Atom-theorie verstanden werden: „Die Monaden, von denen ich spreche, sind also die wahren Atome der Natur und mit einem Worte die Elemente der Din-ge" – so heißt es in Lehrsatz 3 der in französischer Sprache abgefassten, im Jahre 1720 posthum er-schienenen Schrift *Monadologie*.[6]

Alle Monaden sind, so lehrt Leibniz, aus der Ur-Substanz Gott ausgeflossen; sie bestehen aus gött-licher Substanz und sind bewusste Teile der Natur Gottes. Daher heißt es in Lehrsatz 47: „Somit ist Gott allein die Ur-Einheit oder die Ur-Monade. Alle geschaffenen oder abgeleiteten Monaden sind seine Erzeugnisse und entstehen sozusagen durch beständige Ausblitzungen der Gottheit von Au-genblick zu Augenblick – beschränkt durch die Aufnahmefähigkeit des Geschöpfs, dem es wesent-lich ist, begrenzt zu sein."[7]

Wenn die Monaden nun tatsächlich, wie Leib-niz sagt, die wahren Atome der Natur sind, dann muss es auch eine Stufenfolge der Monaden in der Natur geben. Dieser Gedanke wird von Helena P. Blavatsky, der Begründerin der modernen theoso-phischen Bewegung, in aller Konsequenz ausgear-beitet. Nach ihrer Aussage kann die Monade mit

---

[6] Gottfried Wilhelm Leibniz, Monadologie, Stuttgart 1954 [Reclam Nr. 7853], S. 11
[7] Ebenda, S. 23.

Seite 106

„einem unzerstörbaren Stern göttlichen Lichts und Feuers verglichen werden, der auf unsere Erde herabgeworfen ist, als eine Rettungsplanke für die Persönlichkeiten, in denen er wohnt"[8].

Über die Evolution dieses monadischen Prinzips des Inneren Lichts durch die verschiedenen Seinszustände des Universums wird dann folgendes gesagt: „Die Monade oder Jiva (...) schießt vor allem nach dem Gesetz der Evolution in die niedrigste Form hinab – in das Mineral. Nachdem sie für einen siebenfachen Kreislauf in den Stein eingeschlossen war, oder in das, was zum Mineral oder Stein in der vierten Runde werden wird, kriecht sie daraus hervor als, sagen wir, eine Flechte. Indem sie von hier aus, alle Formen vegetabilen Stoffes durchlaufend, zur sogenannten tierischen Materie überging, hat sie nunmehr den Punkt erreicht, an welchem sie sozusagen zum Keime des Tieres geworden ist, das zum physischen Menschen werden wird."[9] So sehen wir die antike Weisheit von der Wirkmacht der Monade hier in einen ganz neuen evolutionären Zusammenhang hineingestellt.

[8] Helena Petrowna Blavatsky; Die Geheimlehre, Band 1: Kosmogenesis, Den Haag o.J. S. 198.
[9] Ebenda, S. 226,ff.

Die Nachwirkung der Chaldäischen Orakel

Den Chaldäischen Orakeln hat man zwar gern ein hohes Alter zugeschrieben und sie auf den persischen Religionsstifter Zarathustra (um 600 v. Chr.) zurückgeführt, jedoch sind ihre Ursprünge eher in der römischen Kaiserzeit zu sehen. Als Verfasser der Orakel gilt traditionell Julian der Theurg, der zusammen mit seinem Vater Julian dem Chaldäer im 2. Jahrhundert gelebt und mit ihm bei der Aufzeichnung der Offenbarungen zusammengewirkt haben soll. Über seine Tätigkeit berichtet der ihm gewidmete Eintrag in der *Suda*, einem byzantinischen Lexikon:

„Julian, der Sohn des Vorgenannten (Julians des Chaldäers), lebte zur Zeit des Kaisers Marcus Antoninus (Mark Aurel). Auch er verfasste *Theurgika*, *Telestika* und Sprüche in Versen sowie weitere von Verborgenem handelnde Werke über diese Art von Wissen. Einmal soll er, als die Römer am Verdursten waren, dunkle Gewitterwolken herbeibeschworen und schweren Regen mit aufeinander folgenden Donnerschlägen und Blitzen erzeugt haben. Es heißt, Julian habe dies durch ein gewisses Wissen vollbracht. Andere behaupten jedoch, der ägyptische Philosoph *Arnouphis* habe das Wunder verrichtet."[10] So galt Julian der Theurg auch als ein Wundertäter, der über die Elemente der Natur gebot. In der Spätantike zeigten sich Vertreter des syrischen Neuplatonismus wie Numenios, Porphyrios, Jamblichos und Proklos, das Haupt der neuplatonischen Schule in Athen, als von den Sprüchen der Orakel sehr beeinflusst.

Die Wirkungsgeschichte der Chaldäischen Orakel im Mittelalter und in der Neuzeit war eine ähnliche wie die des Corpus Hermeticum. In beiden Fällen war es der byzantinische Universalgelehrte Michael Psellos (1017–1078), der als Vermittler wirkte. Er kannte die Orakel gut, allerdings nur aus einem Kommentar des athenischen Philosophen Proklos. In drei Schriften behandelte er explizit ihre Lehren. Im Spätmittelalter ging dieses Erbe an den byzantinischen Gelehrten Gemistos Plethon (1360–1452), der sich besonders für die religiöse Dimension des Platonismus interessierte. Er glaubte, dass die Orakelsprüche von Zarathustra stammen, der sie an Platon weitergegeben habe; sie seien Teil einer uralten Weisheitsüberlieferung, die man als *Prisca Theologia* bezeichnen kann.

Die Gelehrten der Renaissance waren an einer solchen Prisca Theologia sehr interessiert. Sie verstanden darunter eine zeitübergreifende Weisheitstradition, die sich vom Neuplatonismus über die Kirchenväter bis zum Christentum forterbt.

---

[10] Ada Adler (Hrsg.), Suidae Lexikon, Bd. 2, Leipzig 1931, S. 642.

Heidnisches und Christliches wären damit integriert, zusammengebunden zu einer spirituellen Universalreligion, die auch nicht im Widerspruch zu den Lehren der römisch-katholischen Kirche stehen würde.

Marsilio Ficino († 1499) jedenfalls, als der Übersetzer des Corpus Hermeticum des Griechischen mächtig, kannte die von Michael Psellos und Plethon überlieferten Chaldäischen Orakel sehr gut, er besaß eine Abschrift des Textes samt Plethons Kommentar. Giano Lascaris übersetzte die Orakel zwischen 1500 und 1503 ins Lateinische. Der Dichter François Habert übertrug die Sprüche in französische Verse (*Les divins oracles de Zoroastre*, 1558 in Paris publiziert). Unter den Gelehrten der Renaissance wäre noch Francesco Patrizi († 1597) zu nennen; auch er hielt die Verse für zarathustrisch, und 1591 erschien sein Werk *Zoroaster et eius CCCXX oracula Chaldaica* („Zarathustra und seine 320 chaldäischen Orakel").

In der Folgezeit blieb die Rezeption der Orakel außerordentlich breit, bis um die Mitte des 18. Jahrhunderts erschien fast in jedem Jahrzehnt eine Neuauflage. Im 19. Jahrhundert waren es insbesondere Esoteriker, Rosenkreuzer und moderne Hermetiker, die den Text der Chaldäischen Orakel wiederentdeckten und ihn als das zentrale Dokument der theurgischen Magie würdigten. In diesem Zusammenhang wäre der englische Alchemist und Rosenkreuzer Robert Fludd (1574–1637) zu erwähnen. Die Quellen, aus denen er sich speist, sind eindeutig das Corpus Hermeticum, Jakob Böhme, Agrippa von Nettesheim und die Chaldäischen Orakel, die sich unter den Magiern der Renaissance großer Beliebtheit erfreuten.

Fludd geht von einer Dreiteilung der Wirklichkeit aus: „Der Makrokosmos ist in drei Hauptregionen eingeteilt: *Empyreum* (spirituelle Welt), *Aetherium* (Astralregion) und *Elementarregion* (materielle Welt). Jede ist mit himmlischem Feuer angefüllt und von unzähligen Ozeanen von Astrallicht durchdrungen, dessen Quantität und Qualität sich verringert, je weiter entfernt die Region von der Zentralsonne ist. Die Vereinigung des himmlischen Feuers und des Astrallichts konstituiert die Seele des Universums."[11]

Bedeutende Okkultisten des 19. Jahrhunderts wie Eliphas Lévi, Madame Blavatsky und Annie Besant beriefen sich auf die Chaldäischen Orakel und zitierten daraus. 1895 erschien eine Textausgabe *The Chaldean Oracles of Zoroaster*, deren Herausgeber William Wynn Westcott war – ein prominenter Freimaurer, Rosenkreuzer, Theosoph und einer der Begründer des *Hermetischen Ordens der Goldenen Dämmerung*. Dieser war um 1900 eine ritualmagische Vereinigung, der so unterschiedliche Persönlichkeiten wie der berüchtigte Magier Alistair Crowley und der spätere Nobelpreisträger für Literatur William Butler Yeats angehörten.

---

[11] Zt. nach Paracelsus, Mikrokosmos und Makrokosmos, Okkulte Schriften, Wiesbaden 1994, S. 37.

Hieran sieht man, dass die Epigramme der chaldäischen Sammlung schon immer solche Menschen in ihren Bann gezogen haben, die weniger an Philosophie als vielmehr an magischer Selbstverwirklichung und Aufstieg zu den höheren geistiggöttlichen Welten interessiert waren. Und dies wird auch weiterhin so bleiben. Die Chaldäischen Orakel werden ihre mystische Tiefe nicht denjenigen offenbaren, die nur das Materielle gelten lassen; denen werden sie ebenso ein Rätsel bleiben wie die *Smaragdene Tafel* des Hermes Trismegistos. Durchdrungen von einer mystischen Feuerphilosophie, wollen sie ein heiliges Feuer in denjenigen entfachen, deren ganzes Streben der Erlösung gilt, der Befreiung aus den Zwängen dieser relativen und wandelbaren Materiewelt.

Literaturliste

QUELLENTEXTE

Ruth Majercik (Hrsg.): *The Chaldean Oracles*. Brill, Leiden 1989, (griechischer Text, englische Übersetzung, Einführung und Kommentar)

Édouard des Places (Hrsg.): *Oracles chaldaïques, avec un choix de commentaires anciens*. 5. Auflage, Paris 2010.

SEKUNDÄRLITERATUR

Luc Brisson: *Oracles chaldaïques*. In: Richard Goulet (Hrsg.): *Dictionnaire des philosophes antiques*. Band 4, CNRS Éditions, Paris 2005, S. 784–792

Franco Ferrari: *Chaldäische Orakel*. In: Christoph Riedweg u. a. (Hrsg.): *Philosophie der Kaiserzeit und der Spätantike (= Grundriss der Geschichte der Philosophie. Die Philosophie der Antike*. Band 5/2). Basel 2018.

John F. Finamore, Sarah Iles Johnston: *The Chaldaean Oracles*. In: Lloyd P. Gerson (Hrsg.): *The Cambridge History of Philosophy in Late Antiquity*. Band 1, , Cambridge 2010, S. 161–173

Sarah Iles Johnston: *Oracula Chaldaica*. In: *Der Neue Pauly* (DNP). Bd. 9, Metzler Stuttgart 2000, Sp. 1 f.

Helmut Seng: *Oracula Chaldaica*. In: Christine Walde (Hrsg.): *Die Rezeption der antiken Literatur. Kul-

turhistorisches Werklexikon (= *Der Neue Pauly. Supplemente.* Band 7). Stuttgart/Weimar 2010, Sp. 549–556.

Cristina Vultaggio: *Orakel. B. Griechisch. VIII. Mantik und Orakel in der Philosophie.* In: *Reallexikon für Antike und Christentum.* Band 26, Stuttgart 2015, Sp. 254–270, hier: 263 f.

UNTERSUCHUNGEN

Polymnia Athanassiadi: *The Chaldaean Oracles: Theology and Theurgy.* In: Polymnia Athanassiadi, Michael Frede (Hrsg.): *Pagan Monotheism in Late Antiquity.* Oxford 1999, , S. 149–183.

Álvaro Fernández Fernández: *La teúrgia de los Oráculos Caldeos. Cuestiones de léxico y de contexto histórico.* Granada 2011 (Dissertation, Universidad de Granada, nur online)

Joseph Bidez: *Un Faux Dieu des Oracles Chaldaiques.* In: Revue de Philologie 1903 / 79-81.

Friedrich Cremer: *Die Chaldäischen Orakel und Jamblich de mysteriis.* Meisenheim am Glan 1969.

E. Des Places: *Les Mysteres d' Egypte et les Oracles Chaldaiques.* In: Oikumene. Studi paleochristiani, Catania 1964, 455-460.

E. R. Dodds: *New Light on the Chaldean Oracles.* In: Havard Theological Review 54 / 1961, 263-273.

Otto Geudtner: *Die Seelenlehre der chaldäischen Orakel.* Hain, Meisenheim am Glan 1971.

W. Kroll: *De Oraculis Chaldaicis.* Breslauer Philologische Abhandlungen, Breslau 1895, Neudr. Hildesheim 1962.

Hans Lewy: *Chaldean Oracles and Theurgy.* Cairo 1956.

Hans Lewy: *Chaldaean Oracles and Theurgy. Mysticism, Magic and Platonism in the Later Roman Empire.* 3. Auflage, Paris 2011.

Henri-Dominique Saffrey: *Les Néoplatoniciens et les Oracles Chaldaïques.* In: *Revue des Études Augustiniennes.* Bd. 27, 1981, S. 209–225.

Henri-D. Saffrey: *Les Neoplatoniciens et les Oracles Chaldaiques.* In: Revue des Etudes Augustiniennes XXVI / 1981, 209-225.

Helmut Seng, Michel Tardieu (Hrsg.): *Die Chaldäischen Orakel: Kontext – Interpretation – Rezeption.* Heidelberg 2010.

Helmut Seng: *Un livre sacré de l'Antiquité tardive: les Oracles Chaldaïques.* Brepols, Turnhout 2016.

Michel Tardieu: *La Gnose Valentinienne et les Oracles Chaldaiques.* In: The Rediscovery of Gnosticism I, Leiden 1980, 194-237.

Willy Theiler: *Die Chaldäischen Orakel und die Hymnen des Synesios.* Schriften der Königsberger Gelehrten Gesellschaft 18 / 1942.

Stichwortregister

Dr. Manfred Ehmer

Dr. Manfred Ehmer hat sich als wissenschaftlicher Sachbuchautor darum bemüht, die großen kulturgeschichtlichen Zusammenhänge aufzuzeigen und die archaischen Weisheitslehren für unsere Zeit neu zu entdecken. Mit Werken wie *Die Weisheit des Westens*, *Gaia* und *Heilige Bäume* hat sich der Autor als gründlicher Kenner der westlichen Mysterientradition erwiesen, mit *Das Corpus Hermeticum* einen Grundtext der spirituellen Philosophie vorgelegt. Die von ihm übersetzten *Chaldäischen Orakel* sind als ein wichtiges Dokument abendländischer Magie zu werten. Daneben steht eigene Dichtung, in dem Band *Sphärenharfe*, sowie lyrische Nachdichtungen etwa des berühmten *Hyperion* von John Keats oder des vedischen *Hymnus an die Mutter Erde*. Besuchen Sie den Autor auf seiner Internetseite:

https://www.manfred-ehmer.net

Theophania
Verlag für Theurgie und Metaphysik

Der Theophania Verlag stellt sich vor

Theophania bedeutet „die Erscheinung Gottes" (von altgriechisch theós/θεός = Gott + phainein/φαίνειν = erscheinen/ans Licht bringen/offenbaren).

Der Theophania Verlag möchte in seinen Publikationen aufzeigen, in welchen Erscheinungsformen sich Gott oder die Götter in der Menschheits-Geschichte offenbart haben. Die thematischen Schwerpunkte des Verlages sind Hermetik, Neuplatonismus, die westliche Mysterientradition, Theurgie und Theosophie.

Daneben gibt es die Schwerpunkte spirituelle Ökologie, Geomantie, Kultplätze, Traditionen der Naturreligion und der Mutter-Erde-Verehrung in Europa. Einen weiteren Unterschwerpunkt stellen Übersetzungen und lyrische Nachdichtungen dar.

Unsere Buchreihe *edition theophanie* ist in erster Linie der hermetisch-neuplatonischen Tradition geweiht. Sie versucht, dieses gewaltige Erbe des Abendlandes aufzuarbeiten und in die Geisteskultur der Gegenwart einfließen zu lassen.

Dank einer Kooperation mit einem sehr effizienten Dienstleister sind wir in der Lage, den Buchmarkt flächendeckend zu bedienen. Ob im nächsten Buchladen, bei den großen Filialisten oder in Online-Shops, die Bücher aus unserer Produktion sind überall zu finden. Sie sind in den wichtigsten Volltextsuchen und im Verzeichnis lieferbarer Bücher (VLB) angezeigt. Alle Bücher aus unserem Verlagsprogramm sind in den drei Formaten Softcover, Hardcover und E-Book verfügbar.

Wir sind allerdings kein Autorenverlag. Angehende Autoren wollen wir bitten, uns nicht Manuskripte zur Veröffentlichung zuzusenden.

Die Bücher aus unserem Theophania Verlag sind keine Massenprodukte. Ein gediegenes Design, hohes inhaltliches Niveau und kleine Auflagen – das sind die Kennzeichen der Bücher unseres Verlages.

Der Theophania Verlag ist ein Imprint der Firma tredition GmbH, Heinz-Beusen-Stieg 5, 22926 Ahrensburg, Germany.

Buchbestellung:

Unsere Bücher sind auf allen Buch-Onlineportalen erhältlich. Vorzugsweise bestellen Sie jedoch bei **https://shop.tredition.com**